Quichotte

Beim Lieblingsbäcker

Auf Leben und Brot

»Wer sich in seiner Lebensführung den Bedingungen kapitalistischen Erfolges nicht anpasst, geht unter oder kommt nicht hoch.«

MAX WEBER

»Ein Graubrot? Macht zweihundert Euro.«

DER LIEBLINGSBÄCKER

Vierte Auflage 2025

Lektora GmbH
Schildern 17–19
33098 Paderborn
Tel.:05251 6886809
Fax:05251 6886815
www.lektora.de

Druck: OSDW Azymut, Lódź
Coverdesign: Olivier Kleine
Lektorat: Lektora GmbH
Layout Inhalt: Olivier Kleine

Printed in Poland
Gedruckt auf FSC-zertifiziertem Papier

ISBN: 978-3-95461-193-5

Inhalt

Vorwort

Liebe Leser*innen,

wir schreiben das Jahr 2021. Ganz Deutschland wird beherrscht von der sozialen Marktwirtschaft. Lächelnde Smalltalkgottheiten besetzen die hiesigen Ladentheken und nähren ihre aufgesetzte Freundlichkeit an den Mutterzitzen des Kundenorientiers.

Wobei ... ganz Deutschland? Nein! Eine vom unbeugsam misanthropischen Lieblingsbäcker besetzte Backstube hört nicht auf, dem Kapitalismus und geheuchelten Verkaufsfrohsinn Widerstand zu leisten.

Im schummrigen Dämmerlicht, umhüllt von staubigen Mehlsilhouetten, auf die sich stetig weiter ausbreitenden Bäckereiketten Zeter und Mordio schimpfend, klopft dieser Fels in der Brandung der Systemgastronomie mit bloßer Faust seine einzigartigen Laibe zurecht. Hier wird noch in Rage gerührt, kunstvoll geknetet und mit Gusto glasiert.

Kurzum: »Backmischung« gilt hier als Schimpfwort.

Dies ist das natürliche Habitat meines Lieblingsbäckers. Wobei er sich in Personalunion auch um den Verkauf seiner geliebten Backwaren kümmern muss. Und dies tut er nicht ohne ein gewisses Maß an Abscheu, die er für sich wohl durch eine ganz eigene Art des Kundenumgangs zu kaschieren weiß.

Von Zeit zu Zeit halte ich mich zum Zweck der Inspiration oder einfach zur Zerstreuung in seinem Verkaufsraum auf und lausche den mitunter wunderlichen Gesprächen. Im Laufe der Besuche ist mir dieser Bäcker sehr ans Herz gewachsen, vielleicht auch deshalb, weil er jene Ehrlichkeit zu leben im Stande ist, die sich viele von uns im Umgang mit den Mitmenschen, Geschäftspartner*innen und Alltagsbegegnungen wünschen.

Der Lieblingsbäcker ist unfreundlich im sympathischsten Sinne und dabei Antikapitalist aus Versehen – denn sind wir ehrlich: Faktisch vergrault er mit seiner schnippischen Art des Verkaufsgesprächs mehr Kunden*innen, als er gewinnt. Diese Art von Ehrlichkeit ist jedoch genau das, was die Seele jenes aus der Zeit gefallenen Graubrotgourmets ausmacht.

Lassen Sie uns also gemeinsam diesen Ort betreten, an welchem ein gesundes Verständnis von Ironie und Sarkasmus unabdingbar ist, um nicht nach vier Sekunden unwiederbringlich die Contenance zu verlieren. Folgen Sie mir in die heiligen Hallen meines Lieblingsbäckers, der mir schon so oft Quell der Erheiterung war! Denn letztlich sind mir diese Bäckerei und das Lauschen der skurrilen Dialoge so sehr angenehme Flucht aus dem geleckten Alltag gesellschaftlicher Etikette geworden, dass ich den kauzigen Kornknacker mittlerweile liebe wie einen Freund. Nun aber genug der sentimentalen Vorrede.

Hier ist die Tür.

Warten Sie, ich öffne!

Hören Sie die Glocke?

Wir sind drin.

Nehmen Sie Platz und lauschen Sie dem unterhaltsamen Treiben! Und wenn Sie irgendwann mutig genug sind, versuchen Sie doch mal Ihr Glück mit einer Bestellung ...

Spezifische Bestellungen

Kunde: »Ich hätte gerne ein Brot.«

Bäcker: »Brot!? Ach, Sie meinen diese Dinger ... aus Mehl, meistens rund oder oval, mit Kruste ...?«

Kunde: »Äh, ja genau.«

Bäcker: »Tut mir leid. Sowas haben wir hier gar nicht.«

Kunde: »Aber Sie sind doch eine Bäckerei ...«

Bäcker: »Tja. Ich kann Ihnen einen Katzenkalender anbieten.«

Kunde: »Jetzt hören Sie aber mal auf! Da hinten in der Auslage liegt doch Brot.«

Bäcker: »[*dreht sich um*] Was Sie nicht sagen, tatsächlich ...« [*ruft in die Backstube*] »Geeeeeeerda! Du wirst nicht glauben, was wir hier in der Auslage haben ... Broooooooot.«

Kunde: »Sie wollen mich doch veräppeln.«

Bäcker: »Exakt, was wollen Sie?«

Kunde: »Ein Graubrot.«

Bäcker: »Gute Wahl! Wollen Sie noch einen Katzenkalender dazu haben?«

Er ist einfach ein Serviceguru.

Das Baguette

Kunde: »Letztens gab es eine Schießerei in einer Bäckerei hier um die Ecke.«

Bäcker: »Davon hab ich gehört.«

Kunde: »Und ... sind Sie jetzt besorgt?«

Bäcker: »Nee. Hier bei mir gibt es sowas nicht.«

Kunde: »Aber davor ist doch keiner sicher!«

Bäcker: »Wenn einer hier 'ne Knarre zieht, kriegt der sofort eins mit dem Baguette drüber.«

Kunde: »Ha! Das tut doch nicht weh!«

Bäcker: »Aber hallo, die Dinger sind vier Tage alt, damit kann man Türen einschlagen.«

Kunde: »Hm. Aber die können Sie doch nicht verkaufen! Das ist doch alte Ware.«

Bäcker: »Heidi Klum ist auch alt, verkauft sich aber immer noch prächtig.«

Kunde: »Sie können doch Heidi Klum nicht mit einem Baguette vergleichen!«

Bäcker: »Ach nein? Dünn, relativ lang, nicht sehr schlau ... ich finde, da gibt es einige Parallelen.«

Kunde: »Jetzt hören Sie aber mal auf! Das taugt doch allenfalls noch als Semmelbröseln für Frikadellen.«

Bäcker: »Meinen Sie jetzt das Baguette oder Heidi Klum?«

Kunde: »Na, na! Jetzt werden Sie aber ganz schön gemein!«

Bäcker: »Sie haben recht. Wer will schon mit Heidi Klum verglichen werden. Das ist wirklich unmenschlich. So, was nehmen Sie?«

Kunde: »Ein Baguette.«

Bäcker: »Ha, der war gut. Sie machen wohl Frikadellen?«

Kunde: »Nee, ich wohne im Bahnhofsviertel.«

Kunden, die was wollen ...

Kunde: »Ich will einen Cappuccino und ein Franzbrötchen.«

Bäcker: »Wie ... ›ich will‹? Was meinen Sie, was ich alles will: ein Haus im Grünen, 'ne Segeljacht und einen gelben Flamingo!«

Kunde: »Wieso einen gelben Flamingo?«

Bäcker: »Fragt der, der ein Franzbrötchen bestellt ... beziehungsweise ›will‹. Wer sind Sie – Kaiserin Sissi, oder wat?«

Kunde: »Verstehe ich nicht. Was hat das mit dem Flamingo zu tun?«

Bäcker: »Der Flamingo heißt Franz.«

Kunde: »Hä? Sie haben doch gar keinen!?«

Bäcker: »In meiner Vorstellung heißt er Franz.«

Kunde: »Und wieso bin ich dann Kaiserin Sissi?«

Bäcker: »Na, weil Sie auch ein Vogel sind! Kommen hier rein und WOLLEN ausgefallenen Shit ... ›Ich bin etwas Besonderes. Ich esse nur Franzbrötchen‹.«

Kunde: »Ich kann Ihnen nicht folgen.«

Bäcker: »Das will ich auch schwer hoffen, sonst hätte ich Sie ja den ganzen Tag hinter mir!«

Kunde: »Äh. Ach so, wegen ... folgen!?«

Bäcker: »Jetzt erklärt er auch noch meine Wortwitze. Hör mal zu, du Franzbrötchen: Noch nie ..., aber wirklich noch nie ist ein Wortwitz noch besser geworden, wenn jemand die Leute hörbar an seiner Entschlüsselung hat teilhaben lassen.«

Kunde: »Okay. Tut mir leid.«

Bäcker: »Gut. Und jetzt bestell was anderes!«

Kunde: »Wieso duzen Sie mich plötzlich?«

Bäcker: »Du hast hier jeglichen Respekt verspielt!«

Kunde: »Aber ich bin Kaiserin Sissi!«

Bäcker: »Okay, der war gut! Hier, ein Schwarzbrot!«

Kunde: »Aber ich wollte doch ein Franzbrötchen?!«

Bäcker: »Geht nicht. Die Kaiserin ist auf Diät! So, und jetzt raus hier!«

Der Lifecoach

Kunde: »Wie viel kostet denn ein Roggenbrot?«

Bäcker: »Kommt auf Ihr Gehalt an.«

Kunde: »Wie bitte!? Mein Gehalt?«

Bäcker: »Genau. Das ist ein neues Bundesgesetz. Roggenbrot kostet seit letzter Woche immer 0,5 % des Nettomonatseinkommens.«

Kunde: »Im Ernst? Klingt ziemlich absurd! Das wären bei mir ja ... warten Sie ... ähm, ... ich habe es gleich, ... das wären ja etwas mehr als 20 Euro!?!?«

Bäcker: »Hoppala. Da verdient wohl jemand vier Riesen im Monat.«

Kunde: »Äh, ja. Ich bin Lifecoach.«

Bäcker: »Aha. Wissen Sie, woran man einen Lifecoach erkennt?«

Kunde: »Nein.«

Bäcker: »Er sagt es Ihnen.«

Kunde: »Ha, ha, ha. Sehr witzig.«

Bäcker: »In der Tat. Haben Sie eigentlich auch einen Coach? Denn die Frage ist ja immer: Wer coacht eigentlich den Coach?«

Kunde: »Wow! Sie sind ja voll auf der Höhe. Klar, ich habe auch einen Lifecoach.«

Bäcker: »Und hat Ihr Coach auch einen Coach?«

Kunde: »Natürlich, das ist nur professionell. Manche in unserem Metier haben sogar mehrere Coaches.«

Bäcker: »Ihre Branche ist also eine regelrechte Lifecoach-Matroschka!«

Kunde: »Ah, Sie meinen, weil in jedem Gecoachten auch irgendwie ein Coach steckt?«

Bäcker: »Haben Sie auch einen Schnellmerker-Coach?«

Kunde: »Äh, ... nein.«

Bäcker: »Nun, den könnten Sie brauchen. So, was nehmen Sie denn?«

Kunde: »Ich wollte ja eigentlich ein Roggenbrot ... aber: Was können Sie mir denn noch empfehlen?«

Bäcker: »Also, ich als Ihr Brot-Coach kann Ihnen nur das Schwarzbrot ans Herz legen.«

Kunde: »Das hatte ich jetzt so gar nicht auf dem Schirm.«

Bäcker: »Deswegen haben Sie ja mich. Ich erweitere Life-Perspektiven.«

Kunde: »Ha, großartig! Okay, dann nehme ich eins.«

Bäcker: »Bestens. Hier. Macht 240 Euro.«

Kunde: »Ich dachte, hier kostet alles 0,5 % des Monatsgehaltes!?«

Bäcker: »Korrekt. Es ist nur so: Das Schwarzbrot wird Ihre Leistungsfähigkeit um das Zwölffache steigern – demnach wird sich auch Ihr Gehalt entwickeln. Es ist ein perspektivischer Preis.«

Kunde: »Das klingt irgendwie unglaubwürdig.«

Bäcker: »Ja, natürlich. Es ist schon absolut bescheuert, dass Sie die Geschichte mit den 0,5 % geglaubt haben.«

Kunde: »Das ist ja eine Frechheit! Ich sollte Sie anzeigen. Sie erzählen den Leuten hier ja anscheinend nur Quatsch.«

Bäcker: »Na dann sage ich mal: Willkommen im Club, Kollege Lifecoach. Und jetzt raus hier!«

»Was heißt hier eigentlich ›Sanella ist Backen‹?
Sanella ist in erster Linie Margarine.«

DER LIEBLINGSBÄCKER

Rheinland vs. Norden

Kunde: »Moin, ein Croissant!«

Bäcker: »Ah, ein Nordmann.«

Kunde: »Ach, wegen dem ›Moin‹!?«

Bäcker: »Nee, wegen des Croissants, du Eumel! Wer kennt das nicht – du fährst nach Lübeck und bei Überschreitung der Stadtgrenze: zack, alles voller Croissants. Sagt man nicht auch ›Croissantköppe‹ zu euch Nordlichtern?«

Kunde: »Oh, ein Witzbold! Ich bin wegen dem Croissant hier, nicht um veräppelt zu werden.«

Bäcker: »Des Croissants! Es heißt ›wegen des Croissants‹. Genitiv ist das Stichwort.«

Kunde: »Das gibt es ja gar nicht! Sowas hab ich noch nie erlebt!«

Bäcker: »Was, Grammatikstunden? Das glaube ich gerne. Aber, um es mal in Ihrer Sprache zu sagen: Das tut Not bei deinem Schnack!«

Kunde: »Oh, ein Kosmopolit. Ich will dir mal was sagen, du Fatzke: Ich lass mir doch nicht von einem Bäcker sagen, wie ich zu reden hab. Das ist Umgangssprache.«

Bäcker: »Seit wann duzen wir uns eigentlich?«

Kunde: »Keine Ahnung. Ich bin der Horst.«

Bäcker: »Ich bin der Bäcker.«

Horst: »Oh Mann, ich kann Sie echt gut leiden. Dieses ganze pissfreundliche Rheinlands-Gewese geht mir doch gehörig auf den Keks. Sie sind da eine erfrischende Ausnahme.«

Bäcker: »Und warum siezen Sie mich jetzt wieder?«

Horst: »Ist der Respekt.«

Bäcker: »Sie wissen aber schon, dass Sie mir hier gerade mein Geschäftsmodell kaputtmachen, oder?«

Horst: »Wieso?«

Bäcker: »Normalerweise laufen die Leute irgendwann immer genervt zu Backwerk, weil sie meinen Humor nicht abkönnen.«

Horst: »Backwerk? Das ist aber ein Schlag in die Fresse. Die gehören doch pleite gegangen, die Stümper!«

Bäcker: »Hören Sie auf, ich muss gleich weinen. Vor Rührung.«

Horst: »Apropos Rührung: Haben Sie auch Kaffee?«

Bäcker: »Oh Mann, der war aber schlecht!«

Horst: »Genau wie Ihr Geschäftsmodell.«

Bäcker: »Ha! Ich glaube, ich verliebe mich gerade in Sie!«

Horst: »Okay, das ist jetzt wieder typisch Rheinland!«

Bio

Kundin: »Sind Ihre Brötchen eigentlich ›bio‹?«

Bäcker: »Bio? Näääää. Viel zu unhygienisch der Mist. Wir backen ausschließlich mit dem Plastikmehl zerriebener Tupperdosen.«

Kundin: »Sie zerreiben extra Plastikschalen?«

Bäcker: »Also wir machen das nicht selber, ›outsourcing‹ ist hier das Stichwort. Ein kleiner Familienbetrieb in Vietnam beliefert uns recht kostengünstig. Die haben sechs Kinder – deren Raspelkünste sind einmalig. Ganz feines Material.«

Kundin: »Das ist doch hochgradig illegal – Ausbeutung ist das!«

Bäcker: »Halten Sie den Ball flach! Wir versorgen die Familie freiwillig mit lokalen Leckereien. Die bekommen nur Biobrötchen.«

Kundin: »Sie wollen mich doch hier eindeutig vergackeiern!?«

Bäcker: »Stimmt, war ein blöder Witz. Die kriegen natürlich nur Weißbrot. Wird sonst viel zu teuer.«

REZEPT – »Tupperkruste Ninh Binh«

ZUTATEN

- 3 zerriebene Tupperdosen (feine Körnung, nordvietnamesischer Standard)
- 2 S-Löffel Mehl (Alibizutat)
- 2 T-Löffel Olivenöl (in der Arktis gepresst, also kalt)
- 1× Flüssig-Hefe von Dr. Oettinger
- 1 Prise Salz
- 1 Prise Pfeffer
- 1 Brise Wind
- 3 Gramm aus dem Backofen und vom Herd gekratzte, festgebackene Reste
- 1 zerstoßene Haselnuss
- 8 Scheiben Gouda (am Ende immer alles überbacken!)

ZUBEREITUNG

Rühren Sie das Tuppermehl mit dem Alibimehl zusammen. Dazu empfiehlt sich der Knethaken – mittlere Geschwindigkeit, ca. Mach3.

Fügen Sie die zerstoßene Haselnuss, Salz, Pfeffer und die Brise Wind hinzu. Segnen Sie die Backreste mit folgenden Worten: »Der Herd gibt es und der Herd nimmt es.«

Dann werfen Sie die Reste mit der linken Hand in den Teig. Nehmen Sie einen guten Schluck Flüssighefe selbst ein und kippen Sie dann die halbe Pulle in den Bumms. Dann nochmal per Hand rühren – am besten mit einem Spazierstock.

Kneten Sie nun mit der Hand den Teig, bis er die Konsistenz einer mäßig zusammengeknüllten Jutetasche hat. Lassen Sie den Teig für 23 Minuten gehen. Holen Sie ihn dann wieder ein und bringen Sie ihn zurück nach Hause. Fetten Sie mit dem Olivenöl eine Kastenform ein und matschen Sie den Klumpatsch rein. Fluchen Sie ab und an auf die Steuerpolitik.

Schieben Sie die Form in den auf 320 Grad vorgeheizten Hochofen – obere Schiene. Lassen Sie Ihr Brot für zwei Stunden backen. Holen Sie es heraus. Stürzen Sie es aus der Kastenform und belegen Sie den Laib vollumfänglich mit dem Käse. Geht aber auch ohne. Dann nochmal für 8 Minuten in den Ofen.

Fertig ist die Tupperkruste!

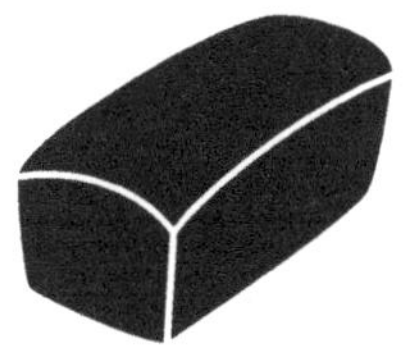

Tupperkruste ohne Käse. (Abbildung ähnlich.)

Verzehrempfehlung: Nein.

Die Nuss

Das ist aber auch immer so eine Sache mit den Zutaten. Da kann ein Rezept noch so ausgewogen sein, es findet sich immer irgendjemand, der auf die ein oder andere Zutat nicht klarkommt …

Kundin: »Sagen Sie, sind in diesem Mehrkornbrot auch Nüsse?«

Bäcker: »Nuss. Singular. Und es kommt drauf an. Ich habe in jedem dritten Brot exakt eine Nuss versteckt. Wie ein Eichhörnchen.«

Kundin: »Das ist doch aber total gefährlich für Leute mit Nussunverträglichkeit …«

Bäcker: »Das ist wahr. Ist etwas für wagemutige Allergiker. Ich nenne es ›Nussig-Roulette‹.«

Kundin: »Wollen Sie mich veräppeln?«

Bäcker: »Selbstverständlich. Was möchten Sie?«

Kundin: »Einmal die Nusskruste.«

Bäcker: »Touché.«

Verlorene Seelen

Kunde: »Sagen Sie mal, als meine Frau letztens bei Ihnen Biobrötchen kaufen wollte, haben Sie ihr im Anschluss ein Rezept mitgegeben, stimmt's?«

Bäcker: »Ja, ich erinnere mich.«

Kunde: »Sehr gut. Also, wir haben ein Problem: Unser Backofen kann nur 280 Grad.«

Bäcker: »Sie wollten das Rezept wirklich nachbacken?«

Kunde: »Äh, ... natürlich.«

Bäcker: »Die Tupperkruste?«

Kunde: »Genau.«

Bäcker: »Sagen Sie mal, sind Sie noch ganz bei Trost?«

Kunde: »Wieso?«

Bäcker: »Na das liegt doch auf der Hand!«

Kunde: »Ja ... ähm, was denn?«

Bäcker: »Ich fasse es nicht!«

Kunde: »Rücken Sie raus – was ist los?«

Bäcker: »So eine Dummheit!«

Kunde: »Nun sagen Sie schon, was ist so dumm daran?«

Bäcker: »Das ist doch offensichtlich! Wenn Ihr Ofen nur 280 Grad schafft, lassen Sie das Brot eben 15 Minuten länger drin! Das ist ein simpler Dreisatz.«

Kunde: »Sie sind wirklich findig. Darauf sind wir gar nicht gekommen.«

Bäcker: »Aber ansonsten ist für Sie bei dem Rezept alles klar, oder wie?«

Kunde: »Na ja, wir hatten uns natürlich beim Lesen schon ein bisschen gewundert.«

Bäcker: »Na, Gott sei Dank! Ich dachte schon, Sie wären komplett bescheuert.«

Kunde: »Da sind wir aber beruhigt. Wir wussten doch, dass da etwas nicht stimmt. Ich meine ... Pfeffer in einem Brot. Das ist doch verrückt! So, ich gehe jetzt backen. Vielen Dank für Ihre Hilfe!«

Bäcker: »Okay. Ich gebe es auf! Manche verdienen einfach den Tod.«

Schlichte Gemüter

Kunde: »Ich kann mich irgendwie nicht entscheiden, ob ich nun ein Schokocroissant nehmen soll oder eine Apfeltasche.«

Bäcker: »Da halte ich es ganz mit Nietzsche, der einmal sagte: ›Wer von seinem Tag nicht mindestens zwei Drittel für sich selbst hat, ist ein Sklave.‹«

Kunde: »Sie haben Nietzsche gelesen?«

Bäcker: »Nein, das ist der erste Treffer, wenn man ›Nietzsche Zitat‹ bei Google eingibt.«

Kunde: »Aber das Zitat passt doch überhaupt nicht.«

Bäcker: »Was soll ich machen? Ich kenne ja nur das eine.«

Kunde: »Warum wollen Sie denn überhaupt Nietzsche zitieren, so auf Teufel komm raus?«

Bäcker: »Ich dachte, meinen Kunden würde ein bisschen Philosophie guttun. Es sind doch insgesamt eher schlichte Gemüter, so wie Sie.«

Kunde: »Das ist eine Frechheit!«

Bäcker: »Ist dir noch nicht aufgefallen, wie viel Frechheit durch Unsicherheit zu erklären ist?«

Kunde: »Wieso duzen Sie mich plötzlich?«

Bäcker: »Das ist von Tucholsky.«

Kunde: »Lassen Sie mich raten: auch bei Google gefunden?«

Bäcker: »Nein, habe ich in der Schule gelesen.«

Kunde: »Was Sie nicht sagen. Nun bin ich aber immer noch keinen Schritt weiter, was meine Wahl betrifft. Mein Gott, was nehme ich nur?«

Bäcker: »Die Religion ist der Seufzer der bedrängten Kreatur.«

Kunde: »Das ist Marx!«

Bäcker: »Stimmt. Wow, ich bin begeistert. Sie haben Marx gelesen?«

Kunde: »Ja.«

Bäcker: »Dann möchte ich Ihnen aus Respekt bei Ihrer Wahl helfen, indem ich einen Kunden vor Ihnen zitiere.«

Kunde: »Oh, welchen philosophischen Satz hat er denn von sich gegeben?«

Bäcker: »Er sagte: ›Ich nehme eine Apfeltasche.‹«

Kunde: »Das war aber nicht besonders philosophisch!«

Bäcker: »Wie gesagt, es sind überwiegend schlichte Gemüter.«

»Toast ist für mich das Carpaccio unter den Teigwaren.«

DER LIEBLINGSBÄCKER

Dumm wie Brot

Zwei Kunden unterhalten sich.

Mann 1: »Du kennst doch den Uwe ... du weißt schon, den Freund von der Ilona!?«

Mann 2: »Ja, der mit dem Autofimmel.«

Mann 1: »Genau. Hör mal, der ist ja dumm wie Brot, 'ne?«

Bäcker: »Das will ich jetzt aber nicht gehört haben! Dumm wie Brot ... pah, so eine Frechheit!«

Mann 2: »Das sagt man doch so ...«

Bäcker: »Nix da. Sehen Sie mal dieses Graubrot hier. Das hat sicher einen höheren IQ als Ihr Uwe.«

Mann 1: »Wie bitte? Das ist ein Brot! Es kann nichts.«

Bäcker: »Jetzt ist aber Schluss. Wenn das Graubrot schlecht wird, bildet es Schimmel. Dann wissen Sie, dass es verdorben ist. Ohne den Schimmel würden Sie oder Ihr Uwe es womöglich weiter essen. Das ist nicht nur schlau, sondern auch noch selbstlos. Und jetzt sind Sie dran.«

Mann 1: »Sie wollen mich wohl veralbern?«

Bäcker: »Exakt. So, was wollen Sie? Und wählen Sie klug!«

Mann 1: »Wie heißt denn dieses Körnerbrot dahinten?«

Bäcker: »Uwe.«

Mann 1: »Hmmmm. Dann nehme ich zwei Graubrote.«

Bäcker: »Weise Wahl!«

Der Verkaufsschlager

Kunde: »Ich nehme ein Roggenvollkornbrot.«

Bäcker: »Da sind Sie wahrlich nicht der Erste! Das ist heute mein absoluter Bestseller.«

Kunde: »Ähm, ich bin erst der zweite Kunde.«

Bäcker: »Ja, ... das ist wahr. Woher wissen Sie das?«

Kunde: »Als ich ankam, haben Sie den Laden aufgemacht und da war nur ein Herr vor mir, der schon gewartet hatte.«

Bäcker: »Genau. Und der hat auch ein Roggenvollkornbrot gekauft. Ich sage doch: Ein absoluter Bestseller.«

Karneval

Kundin: »[*als Einhorn verkleidet*] Ihrem Sortiment fehlt es an Farbe!«

Bäcker: »Äh, wat?«

Kundin: »Na, es ist Karneval und Sie haben hier nur Graubrot, Schwarzbrot, Weißbrot ... wo bleibt da das Bunte?«

Bäcker: »Von wegen ... die Brote sind auch verkleidet. Das Mehrkornbrot hier vorne ist zum Beispiel eigentlich ein Flamingo. Oder die Schweizer Kruste da drüben trägt normalerweise einen Federschmuck und ist Häuptling bei den Sioux. Die wollen nur nicht angeben. Das ist Understatement.«

Kundin: »Jetzt veräppeln Sie mich aber!?«

Bäcker: »Keineswegs. Es ist nur so: Für die wahre Gestalt des Brotes ist das Einhorn blind! So, was wollen Sie?«

Kundin: »Ein Schwarzbrot.«

Bäcker: »Okay, das ist jetzt natürlich Pech.«

Kundin: »Wieso? Als was ist das Schwarzbrot denn verkleidet?«

Bäcker: »Als Emo.«

Verkehrte Welt

Bäcker: »Was darf es sein?«

Kundin: »Was es sein DARF? Wie ich diesen Verkäuferjargon hasse! Geheuchelte Freundlichkeit. Was ist los, läuft der Laden nicht, dass Sie sich so anbiedern?«

Bäcker: »Krass, normalerweise bin ich immer der Freche in den Verkaufsgesprächen ...«

Kundin: »Davon hab ich gehört. Scheint aber nichts dran zu sein. Sie sind eher wie Ihre frischen Windbeutel da hinten ...

Bäcker: »... Äääh, zuckersüß?«

Kundin: »Nein, da ist vielmehr eine Menge heißer Luft im Spiel.«

Bäcker: »Darf ich fragen, was Sie beruflich machen?«

Kundin: »Bäckerin.«

Bäcker: »Ich glaube, ich bin verliebt.«

Mohntag

Kunde: »Ich hätte gerne zwölf Mohnbrötchen.«

Bäcker: »ZWÖLF Mohnbrötchen! Wer sind Sie denn – der Mann im Mohn?«

Kunde: »Ach, ... wegen dem Mann im Mond?«

Bäcker: »Wenn man Witze erklärt, werden sie nicht unbedingt besser.«

Kunde: »Was ist denn so ungewöhnlich an der Bestellung?«

Bäcker: »Na ja, also zwölf Mohnbrötchen ... das ist schon eine Menge!«

Kunde: »Sie wollen wohl nichts verkaufen hier, was? Eine Frechheit ist das. Also wenn jeder seine Brötchen so verdienen würde wie Sie ...«

Bäcker: »Chapeau, der war gut. ›Brötchen verdienen‹ ... Ha! Sie sind mir einer. Ich geb Ihnen sechs.«

Kunde: »Hä? Ich brauch aber zwölf.«

Bäcker: »Kein Mensch braucht zwölf Mohnbrötchen. Der letzte, der hier zwölf Mohnbrötchen gekauft hat, war Puff The Magic Dragon und selbst den haben sie nachher in irgendeiner Ecke aufgelesen, in der er zusammengekauert

›Cause I got high‹ gesungen hat. Mit dem Zeug ist nicht zu spaßen!«

Kunde: »Das ist doch nicht Ihr Ernst!?«

Bäcker: »Was glauben Sie denn, woran die ganzen Rockstars in den Siebzigern zugrunde gegangen sind? Dagegen ist Heroin ein feuchter Furz.«

Kunde: »Jetzt hören Sie aber auf! Sie wollen mich doch veräppeln.«

Bäcker: »Selbstverständlich. Hier sind Ihre zwölf Mohnbrötchen.«

Kunde: »Also, jetzt haben Sie mich aber fast drangekriegt. Also wirklich. Wie viel kriegen Sie denn?«

Bäcker: »Das geht normalerweise ohne Zuzahlung. Ich brauche nur das Rezept vom Hausarzt.«

Kunde: »Jetzt reicht es mir aber.«

Bäcker: »Kleiner Spaß. Macht 200 Euro ... das ist erstklassiger Stoff.«

Kunde: »Der Bogen ist schon überspannt. Hören Sie auf!«

Bäcker: »Ist ja gut. Fünf neunzig, bitte.«

Kunde: »Puh. Sie sind ein Witzbold. Hier ist das Geld. Bitte erklären Sie mir mal, warum Sie das machen ... also dieses Veräppel-Spielchen.«

Bäcker: »[*singt*] Cause I got high, cause I got high ... because I got high.«

Die Welt ist klein

Kunde: »Sagen Sie mal, kennen Sie eigentlich meinen Onkel Wilfried?«

Bäcker: »Ähm, nein. Wieso sollte ich den kennen?«

Kunde: »Na, der ist auch Bäcker, in Düsseldorf.«

Bäcker: »Ach so. Tja, das ist wirklich kurios, dass ich den nicht kenne, wo er doch AUCH BÄCKER ist. Wir kennen uns ja alle ...«

Kunde: »Ja, das wunderte mich eben auch. Sie haben ja immerhin den gleichen Beruf, da läuft man sich doch schon mal über den Weg.«

Bäcker: »Oh Mann! Jetzt habe ich aber auch mal eine Frage an Sie.«

Kunde: »Ja ..., ich höre ...«

Bäcker: »Kennen Sie meinen Onkel Dietmar?«

Kunde: »Ähm, nein. Warum?«

Bäcker: »Der ist auch ein Idiot.«

Kunde: »Wollen Sie damit etwa sagen, dass ich dumm bin?«

Bäcker: »So direkt wollte ich das nicht sagen, aber ...«

Kunde: »Das ist eine Frechheit! Sie Unhold!«

Bäcker: »Ha! ›Unhold‹! Das Wort habe ich ja ewig nicht gehört. Das hat ein alter Schulkamerad von mir immer benutzt ... der Willi Enzensberger.«

Kunde: »Willi Enzensberger? Na, das ist doch mein Onkel!«

Bäcker: »Das ist nicht Ihr Ernst?«

Kunde: »Doch, das ist der Wilfried. Der ist nach Düsseldorf gezogen und hat da eine Bäckerei aufgemacht. Dann kennen Sie ihn ja doch!«

Bäcker: »Hm. Also, ... ähm, ... anscheinend ja.«

Kunde: »Da haben Sie ja mehr mit Ihrem Onkel gemeinsam, als Sie dachten, was?«

Bäcker: »Wie kommen Sie denn jetzt darauf?«

Kunde: »Na, weil Sie auch ein Idiot sind! Tschüss.«

Manchmal ist das Schicksal einfach gegen einen.

Normal

Kundin: »Ich hätte gerne vier normale Brötchen.«

Bäcker: »Was heißt hier ›normal‹?«

Kundin: »Na, Sie wissen schon ... diese weißen ohne alles.«

Bäcker: »So, so. Die weißen sind also normal, hm? Und das Schwarzbrot ist dann wohl total abgedreht, oder wie? Vielleicht gar ein Exhibitionist oder wird nachts zur Bestie. Oder was?«

Kundin: »Nun hören Sie aber auf, das ist ja grotesk! Ich will einfach vier normale Brötchen, ohne Körner und den ganzen Schnickschnack.«

Bäcker: »Schnickschnack?«

Kundin: »Na ja ... hier diese bunten Streusel zum Beispiel ...«

Bäcker: »Ah, verstehe. Ja, ja. Das sind Regenbogenmuffins, komplette Exzentriker. Machen hier nachts immer Raves im Einhornkostüm. Schwul sind sie auch. Alle wie sie daliegen. Aber wissen Sie was: Das ist okay. Ich liebe jedes Gebäck gleich stark. Aber nehmen Sie nur ihr weißes, normales Brötchen ... ohne ›Schnickschnack‹.«

Kundin: »Jetzt stellen Sie mich hier nicht in die Rassistenecke. Mannomann, bei Ihnen einzukaufen, ist wirklich hartes Brot!«

Bäcker: »Ha! Hartes Brot? Da kennen Sie aber die Schweizer Kruste noch nicht. Die hat drei Jahre im Knast gesessen wegen Erpressung. Das ist ›hartes Brot‹.«

Kundin: »Sie veräppeln mich doch?!«

Bäcker: »Klar. Hier sind Ihre vier Brötchen.«

Kundin: »Puh. Jetzt haben Sie mich ganz schön verwirrt.«

Bäcker: »Das tut mir leid. Wissen Sie was? Als kleine Wiedergutmachung schenke ich Ihnen einen Regenbogenmuffin.«

Kundin: »Nein, danke.«

Bäcker: »Sie homophobes Stück!«

Kundin: »Wie bitte?«

Bäcker: »War nur Spaß.«

Kundin: »Wenn Sie mich noch einmal beleidigen, schicke ich Ihnen meinen Mann vorbei. Der geigt Ihnen dann mal die Meinung.«

Bäcker: »Oh, Erpressung. Was sind Sie denn, eine Schweizer Kruste?«

Er ist und bleibt der Gott des gepflegten Smalltalks.

Selfies

Bäcker: »Die Leute werden immer bekloppter. Ich habe jetzt schon ein paar Mal erlebt, dass Kunden vor dem Laden Selfies mit ihrem frischen Brot machen.«

Kundin: »Wahrscheinlich Foodblogger.«

Bäcker: »Wat weiß ich. Jedenfalls geht das nicht. So ein Brot hat ja auch einen Ruf zu verlieren ... und dann taucht da ein formvollendeter Laib neben irgendeiner Hackfresse im Netz auf. Nee, nee! Ich hab denen das dann verboten.«

Kundin: »Es ist ja auch eine Frage der Persönlichkeitsrechte!«

Bäcker: »Ganz genau! Mein Graubrot ist sensibel. Es scheut die Öffentlichkeit. Deshalb pack ich es in eine Papiertüte. Die Menschen haben einfach keine Scham mehr. So, was darf es sein?«

Kundin: »Ein Graubrot.«

Bäcker: »Machen Sie keinen Mist! Ich hab Sie im Auge!«

… und mehr

Kunde: »Warum haben Sie eigentlich kein Wortspiel in Ihrem Geschäftsnamen, sowas wie ›Boris Bäcker‹ oder so?«

Bäcker: »Vielleicht liegt es daran, dass ich einen IQ über sechzig habe und einen gewissen Stil.«

Kunde: »Aber das machen doch alle. Sie könnten dann noch ein zünftiges ›… und mehr‹ anfügen. Damit liegen Sie voll im Trend.«

Bäcker: »Hitler lag auch mal im Trend, war aber trotzdem scheiße.«

Kunde: »Der Vergleich hinkt jetzt aber.«

Bäcker: »Genau wie Goebbels.«

Kunde: »Hä?«

Bäcker: »Na, der hatte doch einen Klumpfuß, das heißt er hat auch gehinkt, genau wie … ach, vergessen Sie's!«

Kunde: »Äh, ach so. Das war jetzt aber echt um die Ecke gedacht.«

Bäcker: »Sehen Sie! Das bringt nichts. Wieso wollen Sie überhaupt, dass ich unbedingt ein Wortspiel in meinem Namen habe?«

Kunde: »Ach, ich mag das einfach.«

Bäcker: »Aber ich komm ja auch nicht bei Ihnen vorbei und sage Ihnen, dass Sie irgendwelche bescheuerten Wortwitze benutzen sollen. Was machen Sie denn eigentlich beruflich?«

Kunde: »Äh, ... Frisör.«

Bäcker: »Okay, jetzt wird mir einiges klar. Lassen Sie mich raten: Ihr Laden heißt ›Haart aber Fair‹ oder so ähnlich.«

Kunde: »Hahaha, nein, ... aber der ist verdammt gut.«

Bäcker: »Sagen Sie es nicht ... wie wäre es mit ›Haircules‹?«

Kunde: »Hören Sie auf, ich kann nicht mehr.«

Bäcker: »Warten Sie, einen habe ich noch: ›Haarald und Hairbert, zwei für alle Felle‹.«

Kunde: »Mann, Sie sind ein Genie!«

Bäcker: »So, jetzt raus mit der Sprache, wie heißt Ihr Laden denn nun?«

Kunde: »Also, ähm ... wir nennen uns einfach ›Der Stadtfrisör‹.«

Bäcker: »Das ist nicht Ihr Ernst, oder?«

Kunde: »Nein, natürlich nicht. Wir heißen ›Hairy Potthair‹.«

Bäcker: »Na, Gott sei Dank!«

Kunde: »Wieso?«

Bäcker: »Ich dachte schon, Sie hätten einen IQ über sechzig.«

Eine kleine Ofenbarung

Bevor hier ein falscher Eindruck entsteht: Unser Bäcker ist natürlich nicht per se ein Feind des gepflegten Wortspiels. Im Gegenteil. Wie drückte er sich nochmal dahingehend aus? Ach ja: »Ein kleiner semantischer Jokus zur rechten Zeit hat noch jeden grauen Alltag koloriert.« Ist er nicht ein kleiner Paolo Coelho?!

Allerdings neige doch – und da muss ich ihm leider vorbehaltlos zustimmen – unsere Gesellschaft und zuvorderst die Zunft der Ladenbesitzer*innen zu einer geradezu inflationären Ausschlachtung jeder auch nur im entferntesten denkbaren Buchstabenverdrehung, auf dass sie in irgendeiner meist peinlichen Art und Weise das entsprechende Gewerk im Geschäftsnamen selbstironisch darstelle.

Während die erste Hamburgerschmiede namens »Burgermeister« damit noch schmunzelnde Betrachter hinterließ, sind doch mittlerweile die Stadtbilder bis zur Entstellung überfrachtet mit vom Dilettantismus fehlgeleiteten Sprachjonglagen. Ob es sich dabei nun um das »Radhaus«, die »SonderBar«, das »Freddy MehrCurry« oder den »Staatsburger« handelt, spielt keine Rolle.

Darüber hinaus dürften wir uns wahrscheinlich einig sein, dass in Sachen Wortspiel die Zunft der Frisör*innen ganz weit vorne ist. So fiel mir neulich beinahe mein Spaßzierstock (sic!) aus der Hand, als ich am Salon »RebeccHaar« vorbeikam. Lassen wir das mal einfach so stehen.

Dieser ganzen Entwicklung zufolge hat unser Lieblingsbäcker, sich den immer stärker werdenden Sog des Wortspielsumpfes stetig vor Augen führend, bisher selbstverständlich davon abgesehen, sein Ladenschild ebenso mit einem Wortwitz zu schmücken. Wobei – und das ließ er mich in einer ruhigen Minute einmal wissen – es ihm an Ideen nicht fehlte. Im Stillen Kämmerlein schmiede er, natürlich nur ironisch, hin und wieder ebenfalls eine kleine Wortspielerei. Nur zum Spaß. Klar. Deshalb sei hier, der Form halber versteht sich, jene Liste an Bäckereiwortspielen zusammengestellt, die unser Protagonist sich im Laufe der Zeit hat einfallen lassen. Umso edler von ihm, dass sein Laden immer noch so schlicht wie effizient »Bäckerei« heißt.

Wahrscheinlich weiß der Gute nämlich, dass die Benutzung einer dieser Neologismen seinem hart erarbeiteten Ruf als misanthropischer Miesepeter nachhaltig schaden würde. Also tun Sie ihm einen Gefallen und behalten Sie folgende sprachliche Kavaliersdelikte für sich:

1. Back mich nicht an – die resolute Frauenbäckerei
2. Gluten Morgen
3. Hell und Dinkel
4. Mehlatonin – Der Brotenstoff
5. Deine Mehladresse
6. Laib und Leben
7. Das Semmelsurium
8. Schwarzbrot Gold – Die Bundesbäckerei
9. Roggen Roll
10. YouKorn – Ihre Plattform für nackte Saatsachen

©Der Lieblingsbäcker

#Roggenbrot

Nach diesem kurzen, aber intensiven Exkurs in die Wortspielhölle geht es nun wieder zurück an die Ladentheke. Es ist kurz nach halb zehn, hier und da wurden schon einige Knoppers vertilgt. Da kommt auch schon die nächste motivierte Dame mit exquisiten Wünschen im Hinblick auf das Reich der Teigwaren. Schauen wir also, wonach ihr der Sinn steht und was unser Lieblingsbäcker daraus macht …

Kundin: »Ich hätte gerne das modernste Brot, das Sie haben.«

Bäcker: »Modern? Was glauben Sie, was das hier ist – eine hippe Modekaschemme? Ich mache Brot.«

Kundin: »Ja, aber es muss doch irgendetwas geben, womit Sie überraschen können. Ich will einfach kein Durchschnittsbrot.«

Bäcker: »Wenn Sie kein Durchschnittsbrot wollen, nehmen Sie einfach ein ganzes - ha, kleiner Wortwitz meinerseits. Aber ich glaube, ich verstehe jetzt, was Sie meinen: Ich kann Ihnen das Roggenbrot empfehlen. Hier.«

Kundin: »Äh, okay. Das sieht aber irgendwie ganz normal aus, eher unmodern, möchte ich sagen.«

Bäcker: »Was unmodern, der Laib hat einen Twitter-account mit 10.000 Followern und macht YouTube-Videos, in denen er twerkt.«

Kundin: »Sie wollen mich doch hier veräppeln. Ein Brot kann doch nicht twerken.«

Bäcker: »Na klar. Wenn Kameras dabei sind, blüht das Roggenbrot komplett auf. Da kann dieser ›Bernd‹ aus dem KiKa aber einpacken.«

Kundin: »Sie wollen mich doch für dumm verkaufen.«

Bäcker: »Exakt. Was haben Sie denn gedacht? Brot ist älter als Jesus, was soll da jetzt noch kommen?«

Kundin: »Aber ich dachte, es gäbe auch neue Formen von Brot?!«

Bäcker: »Ich kann Ihnen einen Hashtag ins Roggenbrot schnitzen.«

Kundin: »Na, das ist doch schon mal was.«

Bäcker: »Das war ein Witz. Ich werd einen Teufel tun.«

Bares für Rares

Kundin: »Sagen Sie mal, sind die Brote von heute ... das da hinten sieht so alt aus?«

Bäcker: »Alt? Das ist gar kein Ausdruck. Die Laibe sind antik. Willkommen bei ›Bares für Rares‹. Hier meine Expertise: Die besagte Schweizer Kruste hat mein Uropa 1896 gebacken. Das Teil ist an sich gut einen Tausender wert, aber weil Sie es sind, kriegen Sie den Hobel für drei neunundsechzig.«

Kundin: »Krass. Sie wollen mich doch veräppeln.«

Bäcker: »Ja, selbstverständlich. Natürlich ist die Ware hier frisch von heute Morgen.«

Kundin: »Dann einmal die Schweizer Kruste.«

Bäcker: »Alles klar. Macht dann 1.000 Euro.«

»Man kann ja über Jesus sagen, was man will.
Aber dass der damals sein Brot geteilt hat finde ich nach wie vor nobel.«

DER LIEBLINGSBÄCKER

Wimpelfreie Zone

Wir schreiben das Jahr 2014. Deutschland ist auf dem Weg, Fußballweltmeister zu werden. Das weiß natürlich noch niemand. Und wie es so ist in diesem dekorationsvernarrten Land, schmücken auch etliche Einzelhändler ihre Geschäfte mit bescheuerten Fußball-Accessoires. Was allerdings unseren Lieblingsbäcker betrifft, so sieht er seine urige kleine Bäckerei als wimpelfreien Raum. Einigen Kundinnen und Kunden stößt das natürlich sauer auf – wer möchte schon in seiner Euphorie gebremst werden? Und so kommt es, wie es kommen muss …

Kundin: »Sie haben ja gar keine WM-Deko in Ihrem Laden?«

Bäcker: »Ich bin Bäcker.«

Kundin: »Aber bei Kamps um die Ecke hängen Wimpel von allen Nationen, die dabei sind. In manchen Brötchen stecken sogar kleine Fähnchen in den jeweiligen Farben.«

Bäcker: »Na klasse. Bald verkaufen die sicher auch Vuvuzelas und Trillerpfeifen.«

Kundin: »Ich finde das toll ... ich meine die Vorstellung, dass selbst die Brötchen mitfiebern.«

Bäcker: »Ach darum geht es Ihnen. Na ja, meine Brötchen fiebern auch mit. Richtige kleine Fußballnarren sind das.«

Kundin: »Aha. Und für welches Team halten die so?«

Bäcker: »Italien.«

Kundin: »Äh, aber ... Italien ist doch gar nicht dabei?!«

Bäcker: »Sehen Sie! Deshalb keine Wimpel. Und jetzt raus hier!«

Bester Mann.

Mal was Erfrischendes

Ein brüllheißer Tag im August. Über dem Asphalt der Straße vor unserer kleinen Bäckerei flimmert die brütende Hitze und den gemeinen Zweibeiner gelüstet es nach Abkühlung ...

Kunde: »Hätten Sie vielleicht etwas, das zum Wetter passt?«

Bäcker: »Natürlich. Ich hab hier ein sehr heißes Vollkornbrot. Kommt frisch aus dem Ofen.«

Kunde: »Haha. Sie sind mir einer. Nein, ich meine etwas Erfrischendes. GEGEN die Hitze.«

Bäcker: »Das ist eine Bäckerei und kein Freibad.«

Kunde: »Aber Sie müssen doch irgendetwas haben ...«

Bäcker: »Klar, ich kann Ihnen ein Brötchen nass machen. Oder Sie holen sich hinten an der Eisdiele zwei Bällchen Holunder-Kardamom und ich wickle Ihnen die in Teig ein.«

Kunde: »Sie verstehen nicht. Sehen Sie, es gibt doch auch Frozen Cappuccino ...«

Bäcker: »Klar. Es gibt auch Liegefahrräder. Aber sehen Sie mich hier wie ein Depp in der Horizontalen durch den Verkaufsraum dilettieren?«

Kunde: »Äh, nein.«

Bäcker: »Na sehen Sie! Man muss nicht jeden Mist mitmachen. Also, was nehmen Sie?«

Kunde: »Hm. Na gut. Dann nehme ich ein Vollkornbrot.«

Bäcker: »Gute Wahl. Wollen Sie noch einen hausgemachten Eistee oder einen leckeren Frappé dazu?«

Kunde: »Sie wollen mich doch veräppeln?!«

Bäcker: »Stimmt. Ich hab natürlich nur Filterkaffee. Heiß wie Frittenfett. Ich bin ja nicht bekloppt. So, macht zwei sechzig.«

Die Sache mit der Laktose

Kunde: »Ich hätte gerne ein laktosefreies Graubrot.«

Bäcker: »Oh, das ist schlecht. Ich backe ausschließlich mit Milch. Wasser ist doch überbewertet. Zudem ist die Kruste meiner Brote aus Quark.«

Kunde: »Ach was, das wusste ich ja gar nicht.«

Bäcker: »Ja, ja. Und die Vollkornbrote sind aus Vollmilch. Die Körner sind harte Butterklumpen.«

Kunde: »Und wie werden die so braun?«

Bäcker: »Lebensmittelfarbe ist hier das Stichwort.«

Kunde: »Ich glaube, dass Sie mich hier ganz schön veräppeln. Haben Sie denn wirklich gar nichts Laktosefreies?«

Bäcker: »Doch. Die Milchbrötchen.«

Kunde: »Jetzt reicht es! Sie führen mich doch hier an der Nase herum.«

Bäcker: »Stimmt. Die Brote sind natürlich alle laktosefrei. Was kann ich Ihnen also geben?«

Kunde: »Puh! Na, Sie sind mir einer. Dann nehme ich ein Stück Bienenstich.«

Bäcker: »Ha. Touché. Der war gut.«

Kunde: »Wieso?«

Bäcker: »Na in dem Bienenstich ist natürlich Laktose drin.«

Kunde: »Ich weiß. Das ist kein Problem.«

Bäcker: »Wie, ich dachte, Sie hätten eine Intoleranz?!«

Kunde: »Nur gegen freche Bäcker.«

Bäcker: »He, jetzt gehen Sie aber zu weit. Das ist meine Show! Raus hier! Verdammtes Kundengesocks. Wenn das weiter so geht, kann ich den Laden dichtmachen.«

Kunde: »Entschuldigung. Ich wollte Sie nur mal zurückfoppen. Ich habe höchsten Respekt vor Ihrer Kunst. Ich nehme dann ein Graubrot.«

Bäcker: »Für Sie nur mit Sahne.«

Kunde: »Sie nehmen also die Entschuldigung an?«

Bäcker: »Klar, Sie Milchgesicht. Und jetzt raus hier!«

Facebook

Ich: »Ich hätte gerne zwei Croissants.«

Bäcker: »Oh, der feine Herr. Es gab wohl gerade Gehalt, hm?«

Ich: »Äh, wieso?«

Bäcker: »Na ja, das Croissant ist ja bekanntlich der Bentley unter den Backwaren.«

Ich: »So habe ich das noch nie gesehen. Wie viel muss ich denn dafür auf den Tisch legen?«

Bäcker: »Kommt drauf an. So zwischen 220.000 und 300.000 Euro.«

Ich: »Wow. Sie meinen aber jetzt den Bentley, oder?«

Bäcker: »Nein, nein. Das Croissant!«

Ich: »Das ist aber teuer!«

Bäcker: »Dafür hat es eine top Innenausstattung: Ledersitze, elektrische Fensterheber, Schaltknauf aus Mahagoni.«

Ich: »Ein Croissant mit Ledersitzen ... Sie haben doch einen Knall!«

Bäcker: »Sie wissen doch, ich übertreibe manchmal. Veröffentlichen Sie die Geschichte wieder bei Facebook?«

Ich: »Woher wissen Sie das?«

Bäcker: »Hat mir eine Kundin erzählt. Und, taugt die Story?«

Ich: »Kommt drauf an.«

Bäcker: »Worauf kommt es an? Soll ich noch einen raushauen, oder was?«

Ich: »Das wäre gut. Bisher ist das Ganze noch ziemlich dünn.«

Bäcker: »Dünn?! Sie sind mir auch ziemlich dünn! Essen Sie mal lieber ein paar Croissants.«

Ich: »Na also, geht doch.«

Dinkel

Kundin: »Ich hätte gerne irgendwas mit Dinkel.«

Bäcker: »Ich auch.«

Kundin: »Sehr witzig. Im Ernst: Haben Sie keine Vollkornprodukte mit Dinkel?«

Bäcker: »Ach so, ja klar. Nehmen Sie doch den Donut hier vorne, da ist Dinkel drin.«

Kundin: »Äh, ... der mit den bunten Streuseln? Das ist doch pure Chemie! Außerdem ist der doch aus Weizen, oder?«

Bäcker: »Das ist alles Dinkel!«

Kundin: »Jetzt reicht es mir aber! Diese bunten Streusel sind nie im Leben aus Dinkel!«

Bäcker: »Stimmt. Das ist Ecstasy. Richtig guter Stoff! Wenn Sie einen davon essen, ist alles aus Dinkel, was Sie sich vorstellen können. Der Postbote ... Dinkel, die Zeitung ... Dinkel, selbst der Dinkel an sich wird auf Trip noch dinkeliger. Das ist Spezialmaterial vom Feinsten. Extra für Bäcker.«

Kundin: »Sie haben doch einen Knall! Ich geh jetzt zu Kamps.«

Bäcker: »Ist ja gut, war ein Witz. Hier ist ein Dinkelvollkornbrot.«

Kundin: »Jetzt bin ich skeptisch.«

Bäcker: »Zu Recht. Wenn Sie das essen, wird alles zu Ecstasy. Der Postbote ... Ecstasy, die ...«

Kundin: »Jetzt ist endgültig Schluss!«

Bäcker: »Ist ja gut. Alles normal, keine Sorge. Macht dann 90 Euro.«

Kundin: »90 Euro?!«

Bäcker: »Ja, ja. Dafür nur die besten Zutaten ... zwinker, zwinker!«

Kundin: »Ich krieg die Krise!«

Bäcker: »Ich mache doch nur Spaß. Drei sechzig ist der Preis.«

Kundin: »Na, Gott sei Dank.«

Bäcker: »Ja. Aber die Wirkung ist unbezahlbar.«

B-Ware

Kunde: »Geben Sie mir Ihr bestes Vollkornbrot!«

Bäcker: »Tut mir leid, das gibt es nicht.«

Kunde: »Wie?«

Bäcker: »Mein BESTES Vollkornbrot verkaufe ich doch nicht, das esse ich schön selbst.«

Kunde: »Hä? Und was liegt dann hier in den Auslagen?«

Bäcker: »Das ist alles B-Ware. Und wissen Sie, was das Verrückte ist? Es merkt keiner. Ich geb mir für den Rotz hier kaum Mühe und es ist immer noch zehnmal besser als bei Backwerk.«

Kunde: »Dafür ist es aber auch doppelt so teuer!«

Bäcker: »Klar. Ich mach ja auch früher den Laden dicht, damit ich genug Zeit habe für mein leckeres Vollkornbrot. Das ist wirklich sehr gut, richtig mit Liebe gebacken.«

Kunde: »Aber haben Sie keine Angst, dass Ihnen irgendwann die Kunden wegrennen, wenn rauskommt, dass Sie ihnen das Beste vorenthalten?«

Bäcker: »Ha! Schön wär's, dann hätte ich noch mehr Zeit für mein Vollkorn.«

Kunde: »Und wie würden Sie dann überleben? Dann wäre Ihr Geschäft hier doch im Eimer!?«

Bäcker: »Ach wissen Sie ... das Vollkornbrot ist so gut, das reicht mir als Mahlzeit. Dann noch einen Humpen Leitungswasser, was braucht man mehr?«

Kunde: »Und wieso machen Sie das hier dann überhaupt noch? Sie können den Laden doch auch direkt dichtmachen!?«

Bäcker: »Ich mach das wegen der Kunden.«

Kunde: »Aber Sie geben Ihnen doch nur die B-Ware, was soll das denn für eine Zuneigung sein?«

Bäcker: »Von Zuneigung hat hier keiner gesprochen. Aber ich erfreue mich an dem Wissen, dass die Kunden nur Rotz kriegen. Das ist mein Antrieb.«

Kunde: »Sie wollen mich doch hier veräppeln!?«

Bäcker: »Selbstverständlich, das ist mein täglich Brot.«

Kunde: »Ha! ›Mein täglich Brot‹. Das ist witzig wegen …«

Bäcker: »Still! Kein Wort mehr! Sie werden sich unterstehen, diesen Witz zu erklären. So, und jetzt raus hier! Ab zu Backwerk!«

»Wer beim Graubrot die Kruste abschneidet, hat die Kontrolle über sein Leben verloren.«

DER LIEBLINGSBÄCKER

Spritzgebäck

Kunde: »Haben Sie auch was Weihnachtliches? Ich habe die Familie im Haus.«

Bäcker: »Eine Axt?«

Kunde: »Ha. Jetzt werden Sie aber brutal. Nein, ich dachte eher an etwas Süßes ... für heute Nachmittag.«

Bäcker: »Axt mit Zimt?«

Kunde: »Aber ich mag doch meine Familie.«

Bäcker: »Echt? Dann kann ich Ihnen mein Spritzgebäck empfehlen.«

Kunde: »So? Das klingt gut.«

Bäcker: »Ja, das ist Gebäck mit einem Spritzer Gift.«

Kunde: »Jetzt hören Sie aber auf. Ich sagte doch, dass ich die Familie mag!«

Bäcker: »Ja, eben. Das Gift wirkt ganz sanft. Die werden gar nichts merken ... während mit der Axt ... nun ja, das merken die. Wird eher unangenehm und laut.«

Kunde: »Sie veräppeln mich doch!«

Bäcker: »Klar, ich mach Spaß ... das Gift ist ein Teufelszeug, dauert eine halbe Ewigkeit, bis der Mist wirkt.«

Kunde: »Jetzt reicht es mir aber. Das ist ja kriminell.«

Bäcker: »Natürlich ist das kriminell. Aber Sie kommen doch hier zu mir mit Ihren düsteren Plänen!«

Kunde: »Was für düstere Pläne? Ich wollte hier nur was Süßes für die Familie!«

Bäcker: »Das kann ja wohl nur ein Euphemismus sein! Also, was nehmen Sie?«

Kunde: »Die Axt!«

Bäcker: »Ha! Der war gut ...!«

Kunde: »Mit Zimt.«

Bäcker: »Hm. Ist klar ...«

Kunde: »Auf der Klinge.«

Bäcker: »Das war ein Witz.«

Kunde: »Ich weiß. Hähä, Sie hätten Ihr Gesicht sehen sollen!«

Bäcker: »Tja, wer anderen eine Grube gräbt ..., nicht wahr? Also, was wollen Sie?«

Kunde: »Ich nehm das Spritzgebäck.«

»Wenn hier noch einer mit 'nem Wortwitz reinkommt, mache ich einen Friseurladen auf.«

DER LIEBLINGSBÄCKER

Eine Metapher

Kundin: »Ich hätte gerne einen Christstollen mit Marzipan.«

Bäcker: »Und ich hätte gerne einen schwarzen Kanarienvogel, der immer brüllt: ›Hammwa nich, hammwa nich‹.«

Kundin: »Also haben Sie keinen Christstollen mit Marzipan?«

Bäcker: »Sie deuten meine Metapher richtig.«

Kundin: »Das ist doch keine Metapher! Es ist einfach irgendein absurder Wunsch.«

Bäcker: »Genau wie Ihr Christstollen! Absurdes Konditoreigedöns ist das.«

Kundin: »Aber Sie haben doch auch Spekulatius!?«

Bäcker: »Das ist richtig. Aber Spekulatius ist das Graubrot unter den Weihnachtsgebäcken – bodenständig, solide, schnörkellos.«

Kundin: »Christstollen ist also abgehoben, oder wie?«

Bäcker: »Immerhin enthält er den Namen des Erlösers ...«

Kundin: » ... und einen Begriff aus dem Bergbau: ›Stollen‹ klingt doch sehr bodenständig!?«

Bäcker: »Quatsch. Da sieht man nur, wie sich das Abendland beweihräuchert. Das macht sonst keine Religion. Oder haben Sie mal was von einem ›Buddha-Flöz‹ gehört?«

Kundin: »Äh, nein.«

Bäcker: »Sehen Sie! Und jetzt: Husch, husch zu REWE. Die haben noch Stollen. Ich gehe derweil in den Hambi und scheiß auf die Kohle.«

Kundin: »Bravo, das war jetzt eine Metapher.«

Bäcker: »Schnauze und raus!«

Gute Vorsätze

Kunde: »Frohes Neues Jahr!«

Bäcker: »Ach, ist es schon so weit?«

Kunde: »Ähm ... wir haben den sechsten Januar.«

Bäcker: »Komisch, ich dachte, es wäre August. Na, wenn das so ist – haben Sie Vorsätze?«

Kunde: »In der Tat: weniger Fett, mehr Sport, insgesamt ein ausgeglichenerer Lebensstil.«

Bäcker: »Das scheint ja eher mäßig zu klappen, so wie Sie seit fünf Minuten hier auf die Rosinenschnecken geifern!«

Kunde: »Das ist ja eine Frechheit!«

Bäcker: »›Don't blame the messenger‹, sagt der Anglist. Aber ich kann Sie beruhigen, das sind Light-Rosinenschnecken. Die haben pro Stück nur acht Kalorien.«

Kunde: »Sie spinnen doch!«

Bäcker: »Nein. Das ist meine Frühjahrskollektion – extra für Leute mit guten Vorsätzen. Jedes Teilchen hat nur acht Kalorien.«

Kunde: »So ein Quatsch, das auf den Rosinenschnecken da ist doch Zuckerguss!«

Bäcker: »Nein, das ist geschmolzenes Vitamin D.«

Kunde: »Und der Puderzucker auf den Berlinern?«

Bäcker: »Fragen Sie nicht! Das ist gutes Zeug. Zwei Bissen und Sie sind erstmal im Traumland und essen für drei Tage gar nichts.«

Kunde: »Hört sich irgendwie nach Drogen an!«

Bäcker: »Psssst, ... genau.«

Kunde: »Sie haben doch nicht mehr alle Tassen im Schrank!«

Bäcker: »Was ist jetzt? Nehmen Sie einen Berliner?«

Kunde: »Ich weiß nicht ...«

Bäcker: »Acht Kalorien und ein erstklassiger Trip!«

Kunde: »Na gut. Einen Berliner.«

Bäcker: »Äh, ... okay. Hier. Macht eins dreißig.«

Kunde: [*beißt in den Berliner*] »Das ist ja doch Puderzucker!«

Bäcker: »Ich wusste schon bei Ihren utopischen Vorsätzen, dass Sie echt alles glauben.«

Kunde: »Sie haben mich reingelegt.«

Bäcker: »Klar. Warten Sie kurz, ich muss hier einen Strich auf meiner Liste machen.«

Kunde: »Welche Liste?«

Bäcker: »Für jeden zerstörten Neujahrsvorsatz gibt es einen Punkt. So, und jetzt ab zum Joggen, mein Freund. Und frohes Neues!«

Spezifische Bestellungen II

Kundin: »Ich nehme drei Brötchen.«

Bäcker: »Schon wieder so eine vor Präzision strotzende Bestellung. Sie gehen wohl auch zum Schreiner und sagen ›Ich nehme ein Brett‹, hm?«

Kundin: »Aber ich wollte doch nur ...«

Bäcker: »Ich wollte, ich wollte, ich wollte. Sagen Sie doch gleich: ›Ich hätte gerne was aus Teig, am besten zum Essen.‹«

Kundin: »Also gut. Ich hätte gerne drei Brötchen aus Dinkelmehl mit Saaten, Sonnenblumenkernen und Chiasamen.«

Bäcker: »Hab ich nicht. Zu speziell.«

Kundin: »Dann nur Dinkelbrötchen ohne die Körner.«

Bäcker: »Hab ich auch nicht. Zu hip.«

Kundin: »Dann einfach drei normale Brötchen.«

Bäcker: »Was heißt denn hier ›normal‹, die sind alle normal. Kaum eine meiner Backwaren ist verrückt. Bis auf das Graubrot – leicht irre dieser Ganove, fällt manchmal Hunde an und beißt ihnen ins Bein. Aber sonst, alle normal.«

Kundin: »Dann nehme ich ein Graubrot.«

Bäcker: »Okay. Das kam unerwartet. Sie wollten doch Brötchen?«

Kundin: »Nee, ich hab's mir anders überlegt. Ist mir zu speziell.«

Bäcker: »Sie gefallen mir. Hier Ihr Graubrot. Und wissen Sie was – ich schenke Ihnen noch ein Körnerbrötchen.«

Kundin: »Das ist aber nett. Was ist denn so drin?«

Bäcker: »Also, die Basis ist ein Dinkelteig mit Chia zugesetzt, ein paar Saaten – die sind super ballaststoffreich – und obendrauf Sonnenblumenkerne.«

Kundin: »Danke, aber lassen Sie mal gut sein. Ist mir zu ausgefallen.«

Bäcker: »Hä? Aber ich dachte ...«

Kundin: »Ich dachte, ich dachte, ich dachte. Wie viel kriegen Sie denn? Nein, warten Sie ... lassen Sie mich raten: 50 Euro? Hier sind 70, was meinen Sie?«

Bäcker: »Kann ich Sie heiraten?«

Kundin: »Nein. Ich bin mit meinem Beruf verheiratet.«

Bäcker: »Was machen Sie denn?«

Kundin: »Ich bin bei Backwerk. Hinter der Theke.«

Bäcker: »Sie wollen mich doch veräppeln.«

Kundin: »Klar. So, und jetzt her mit meinem Graubrot, du Fatzke!«

Bäcker: »Es ist Liebe!«

Elfi

Kunde: »Einen wunderschönen guten Morgen!«

Bäcker: »Oh Mann. Sie gehen mir jetzt schon auf den Sack!«

Kunde: »Was!? Das ist ja eine Frechheit. Ich wollte nur nett sein.«

Bäcker: »Eine Frechheit ist es, wenn Sie hier morgens reinkommen, als hätte Ihnen ein Einhorn auf MDMA ins Hirn gefurzt.«

Kunde: »Sowas habe ich ja noch nie erlebt. Wenn Sie derart unfreundlich sind, läuft Ihnen aber im Nu die Kundschaft weg.«

Bäcker: »Ha! Schön wär‘s. Ich tu seit Jahren mein Bestes, aber das Volk rennt mir hier die Bude ein. Und am Brot kann es nicht liegen ...«

Kunde: »Äh, ... wieso?«

Bäcker: »Das backt meine Tante Elfi.«

Kunde: »Äh, na und?«

Bäcker: »Sie ist blind.«

Kunde: »Na ja, aber das heißt doch heutzutage nichts mehr ...«

Bäcker: »Sie hat keinen Geruchssinn.«

Kunde: »Okay, aber ... ähm, na ja ... das bedeutet doch nicht, dass sie nicht ...«

Bäcker: »Sie ist erst drei.«

Kunde: »Was, wie soll das denn gehen? Sie wollen mich doch hier veräppeln.«

Bäcker: »Stimmt. Sie ist neun.«

Kunde: »Sowas habe ich echt noch nicht erlebt!«

Bäcker: »Das kann ich mir vorstellen. Ist ein ziemliches Chaos, sage ich Ihnen. Letztens hat sie ein Graubrot gebacken, das nur aus Staub und altem Spülwasser bestand.«

Kunde: »Sie halten mich zum Narren, oder?«

Bäcker: »Ja, ich gebe es zu. Es war auch ein Ei drin. Sonst hätte der Teig ja gar nicht gehalten!«

Kunde: »Jetzt reicht es mir! Ich zeig Sie an!«

Bäcker: »Ist ja gut. Ich mach doch nur Spaß. Was wünschen Sie denn an diesem sonnigen Tag, dessen Morgenluft mir die Endorphinströme nur so in die Nüstern treibt?«

Kunde: »Jetzt übertreiben Sie! Aber gut, ich nehme ein Körnerbrot.«

Bäcker: »Elllllffiiiii! Da will einer einen deiner Kieselklumpen.«

Kunde: »Sie haben echt Nerven!«

Bäcker: »Spaaaaß. Hier ist Ihr Körnerbrot.«

Kunde: »Danke. Wie viel kriegen Sie denn?«

Bäcker: »Das ist umsonst.«

Kunde: »Oh, das ist nett.«

Bäcker: »Das wird sich noch rausstellen.«

Kunde: »Wie meinen Sie das?«

Bäcker: »Elfi hat den Chemieschrank entdeckt.«

Kunde: »Ich drehe durch. Was für ein Scheißtag!«

Bäcker: »Soooo, na endlich ist die Laune auf Normalniveau. Warum nicht gleich so!«

Kunde: »Sie haben mich verarscht, oder?«

Bäcker: »Natürlich. Hier gibt es gar keine Elfi.«

Kunde: »Puh. Gott sei Dank! Was Sie so alles erfinden, Wahnsinn!«

Bäcker: »Na ja. Ich hab nur den Namen erfunden. Sie heißt eigentlich Hannelore. Und jetzt raus hier!«

»Seit es diesen Seitenbacher-Typen gibt, mache ich aus Protest kein Müslibrot mehr.«

DER LIEBLINGSBÄCKER

Alia iacta sunt

Kundin: »Ich verneige mich vor Ihrer Backkunst!«

Bäcker: »Hä?«

Kundin: »Na, ich mag Ihr Brot!«

Bäcker: »Das tut mir sehr leid.«

Kundin: »Wieso denn das?«

Bäcker: »Lob ist hier nicht vorgesehen. Ich bin bestrebt, mich stetig zu verschlechtern. Was hat Sie denn so begeistert?«

Kundin: »Das Graubrot!«

Bäcker: »Ha! Gerade das Graubrot! Das ist 'ne Backmischung vom Aldi und ich lass immer die Hefe weg. Müsste eigentlich knüppelhart sein der Bumms.«

Kundin: »Also ich fand's schön knusprig.«

Bäcker: »Das waren vielleicht die Eierschalen!?«

Kundin: »Sie tun da Eierschalen rein?«

Bäcker: »Na klar. Der Kalk bindet die Buttersäure.«

Kundin: »Sie wollen mich doch veräppeln?«

Bäcker: »Ja, stimmt. Buttersäure ist viel zu teuer. So, was nehmen Sie?«

Kundin: »Haben Sie etwas Unverfängliches? Also ohne Lebensgefahr.«

Bäcker: »Servietten.«

Kundin: »Ich geb auf. Tschüss.«

Bäcker: »Nun warten Sie doch ... was haben Sie denn gegen Servietten?«

Kundin: »Na, ich wollte etwas Essbares!«

Bäcker: »Also mit Schlagsahne gehen die ganz gut runter.«

Kundin: »Sie haben doch einen Knall!«

Bäcker: »Nun werden Sie aber ausfallend. Schauen Sie mal: Zusammengeknüllt sehen die Dinger ein bisschen aus wie Muffins ...«

Kundin: »Das reicht. Ich gehe.«

Bäcker: »Alia iacta sunt.«

Kundin: »Hä?«

Bäcker: »Das ist Latein und heißt soviel wie: ›Gewürfelt sind die Servietten‹. Und jetzt raus hier!«

Die Metamorphose

Nun, da Sie unseren Bäcker ja bereits ein wenig näher kennen, werden Sie feststellt haben, dass ihn tatsächlich nicht nur der Hang zur ofenfrischen Backware, sondern vor allem seine leicht zynische Misanthropie auszeichnet. Eventuell fragen Sie sich also: Wie wird man zu einem derartigen Geschöpf?

Eine berechtigte Frage, übt doch die Aura dieses um keine Fisimatente verlegenen Teigvirtuosen in jedem Falle eine gewisse Faszination aus. Man möchte meinen, einen solch garstigen und dennoch auf eine krude Art liebenswerten Gesellen gibt es nur einmal. Und so ist es. Allerdings geht dem Endresultat natürlich ein gewisser Werdungsprozess voraus. Sie kennen das: Die Kaulquappe wird zum Frosch, die Raupe zum Schmetterling und der Rackelhahn ... na ja, der bleibt leider einfach ein unfruchtbarer Bastard. Falls Sie diese Anspielung nicht verstehen: Geben Sie »Rackelhahn« bei YouTube ein.

Wie dem auch sei. Metamorphose gehört zum Leben wie der Dreizack zu Poseidon. Und so wurde eben auch unser Lieblingsbäcker erst Schritt für Schritt zu dem, der sich hier und heute in seiner ganzen Pracht durch seinen Kundenstamm stänkert. Um diesen illustren Weg vom unscheinbaren Jungen zum ausgewachsenen Etikettensaboteur besser nachvollziehen zu können, sei an dieser Stelle ein Einblick in sein Curriculum Vitae gewährt:

1967: Geburt

Es kann kein Zufall sein, dass ebenjenes Jahr als Meilenstein in der Geschichte der Backmittel gilt, wurde doch 1967 entdeckt, dass sich Sorbinsäure als Schimmelschutzmittel für Backwaren einsetzen lässt.

1973: Einschulung

Der kleine Lieblingsbäcker ahnt zwar noch nichts von seiner Berufung, frönt aber schon im zarten Alter von sechs Jahren dem Konsum scheppernder Rockmusik. Bezeichnenderweise bringt seine Lieblingsband Budgie im Jahre 1973 den Song »Breadfan« heraus, den der kleine Rabauke hoch und runter hört.

1974:

Auf dem Schulhof will ihm ein älterer Mitschüler das Pausenbrot wegnehmen. Später wird er vor dem Rektor den Nasenbeinbruch seines Kontrahenten mit den Worten rechtfertigen: »Die Salami habe ich ihm ja gegeben, aber als er auch noch die Roggenvollkornschnitte wollte, bin ich ausgerastet.« Ganz schön eloquent für einen Siebenjährigen, aber wie heißt es so schön: Brot macht erfinderisch. Okay, der ist wirklich schlecht. Entschuldigung.

1977:

Nach erfolgreichem Abschluss der vierten Klasse verlässt unser kleiner Racker die Leibnitz-Grundschule, von der er zeitlebens denken wird, sie wäre nach einem Keksfabrikanten benannt. Aber Orthografie hat ihn auch nie wirklich interessiert.

1982:

Der Jungspund verdient sich ein paar Mark dazu, indem er in einer neugegründeten Bäckerei als Aushilfe jobbt. Und halten Sie sich fest: Es handelt sich um kein anderes Unternehmen als Kamps! Wer hätte das gedacht? Zur Verteidigung des Lieblingsbäckers muss man aber sagen, dass Kamps damals noch eine lauschige kleine Backstube war und nicht wie heute eine Kette mit Milliardenumsätzen. Unser Lieblingsbäcker distanziert sich tatsächlich mittlerweile auch von diesem Teil seines Werdegangs. Nicht nur, weil er überwiegend am Verkaufstresen stehen muss, was ihm eigentlich überhaupt nicht behagt. Auch wenn es ihn nachhaltig prägt, da er dort menschliche Abgründe kennenlernt und erste Ansätze seines ironischen Umgangs entwickelt. Vor allem aber ist ihm die Entwicklung des Konzerns zuwider, schließlich sind die Umwandlung in eine Aktiengesellschaft und die Herstellung von Burger-Buns für McDonald's und Burger King nicht unbedingt Ideale, mit denen sich unser Bäcker identifiziert. Wussten Sie übrigens, dass Kamps im Jahre 2002 vom italienischen Konzern Barilla übernommen wurde?

Also ehrlich: eine Nudelfirma!? Spätestens seitdem ist der Respekt unseres Freundes für den Laden erloschen. Ich meine: Nichts gegen Nudeln, aber das hat ja wohl nichts mit Backen zu tun!

1983:

Endlich ist der Realschulabschluss in der Tasche und just im selben Jahr tritt eine vollumfängliche Bundesverordnung über die Ausbildung zum Bäcker/zur Bäckerin in Kraft. Dies scheint ein Wink des Schicksals durch die Politik zu sein. Auch seine Eltern versuchen, ihm eine Bäckerausbildung schmackhaft zu machen, wohl vor allem, weil er zwar seit der siebten Klasse seine Pausenbrote selbst-, aber in der Schule leistungstechnisch nicht besonders viel gebacken bekommen hat.

1984:

Ein Blick über den Tellerrand. Fragen Sie nicht, was ihn da geritten hat, aber unser Bäcker heuert tatsächlich für knapp ein Jahr in der Medienbranche an und wird Kabelträger beim Privatfernsehen. Diese unwürdige Umgebung kann wohl aus der Retrospektive gleichermaßen als Saat für Menschenhass und Kapitalismuskritik gelten. Interessanterweise brechen in diesem Jahr die »Brot-Unruhen« in Tunesien aus, was unseren Protagonisten nachhaltig beeindruckt. Die immense staatlich initiierte Verteuerung der Brotpreise führt zu massiven Aufständen in dem nordafrikanischen Mittelmeerland. Die Folge der Ausschreitungen sind etliche Tote und Verletzte.

Die Bevölkerung zielt in ihrem Protest wohl vor allem gegen Symbole des Luxus, man zündet Mittelklasseautos an, begeht aber auch einfach Mundraub in Geschäften. Schließlich gibt die Regierung dem Druck der Bevölkerung nach und nimmt die Preiserhöhungen wieder zurück. Das Volk hat sein Grundnahrungsmittel Nummer eins wieder, zu erschwinglichen Preisen.

Vielleicht ist es der dramatische und hoch emotionale Kampf der Menschen für ihr Brot, der dieses Erzeugnis endgültig in den Fokus unseres jungen Mehlmaestros rückt. Jedenfalls entschließt er sich im Zuge dieser Ereignisse dazu, sein restliches Leben der Idee zu widmen, gute Backwaren unter die Leute zu bringen.

Noch am Ende desselben Jahres beginnt er eine Lehre als Bäcker.

1987:

Die Lehrjahre haben ein Ende und dem frischgebackenen Gesellen winkt die Freiheit. Seine Lehre beendet er übrigens als Jahrgangsbester. Nur im Servicebereich, den er in seiner Ausbildungsbäckerei von Zeit zu Zeit mit übernehmen muss, fällt er durch leichte, scherzhafte Sticheleien gegen die Kundschaft auf.

Es kann kein Zufall sein, dass seine Gesellenprüfung das Backen von Spekulatius beinhaltet und im gleichen Jahr der Song »In der Weihnachtsbäckerei« von Rolf Zuckowski rauskommt. Zufälle gibt's!

1990:

Nach dreijähriger Berufserfahrung als Geselle entschließt sich unser Lieblingsbäcker, in die Selbständigkeit zu gehen. Im selben Jahr macht er seinen Meister. Pünktlich zum Erhalt des Meisterbriefes wird im wiedervereinigten Deutschland das sogenannte »Nachtbackverbot« aufgehoben. Erneut scheint die Politik ihm einen Wink zu geben, dass er für das Bäckerhandwerk geboren ist und demselben nun zu jeder Tages- und Nachtzeit auch gewerblich frönen darf. Wobei ihn ein schnödes Gesetz wohl kaum abgehalten hätte.

Es folgt im gleichen Jahr die Eröffnung seiner eigenen Bäckerei und in dieser treibt er seitdem sein wunderbares Unwesen. Übrigens gibt es zwei Jahre nach Gründung die Anfrage, ob er sich nicht der Kamps-Kette anschließen will. Der Gesandte des Konzerns ist ein gewisser ehemaliger Mitschüler unseres Bäckers. Na ja, Sie können sich ja denken, was passiert ist.

Es bleibt eben dabei: Man versucht nicht, einem Lieblingsbäcker sein Brot zu klauen!

Schon gar nicht zwei Mal.

Herzenssachen

Kunde: »Ich brauche unbedingt 15 Körnerbrötchen.«

Bäcker: »Scheint ein Notfall zu sein.«

Kunde: »Ja, ich habe nicht viel Zeit.«

Bäcker: »Verstehe, es geht um Leben und Tod. Das kommt hier ständig vor. Einer liegt irgendwo angeschossen in der Ecke und kann nur noch mit 15 Körnerbrötchen gerettet werden.«

Kunde: »Ernsthaft?«

Bäcker: »Ja, ja! Wenn Sie die Brötchen übereinander auf den Verletzten drücken, ist das die beste Herzmassage der Welt. Und nachher kann man sie aufschneiden und als Wärmedecke nutzen. Der Dämmwert meiner Körnerbrötchen schlägt den der Glaswolle um ein Vielfaches!«

Kunde: »Das klingt irgendwie unglaubwürdig ...«

Bäcker: »Sagen Sie sowas nicht. Es gibt Stadtviertel hier, die komplett mit meinen Kornknackern isoliert sind. Dass Leute die zum Essen kaufen, passiert selten.«

Kunde: »Also ich hab die Schwiegereltern da und wollte mit denen frühstücken ...«

Bäcker: »Wie alt sind die denn?«

Kunde: »Beide so um die 80.«

Bäcker: »Dann nehmen Sie besser 30 Brötchen.«

Kunde: »Wieso?«

Bäcker: »Ein Herzinfarkt kommt selten allein. So können Sie zwei Stapel für die Herzmassage machen.«

Kunde: »Und was sollen wir dann essen?«

Bäcker: »Kaufen Sie sich Avocados im Supermarkt.«

Kunde: »Wieso gerade die?«

Bäcker: »Beugen Herzinfarkten vor.«

Kunde: »Sie wollen mich doch veräppeln!?«

Bäcker: »Klar. Also, was nehmen Sie?«

Kunde: »Ich bleibe bei 15 Körnerbrötchen.«

Bäcker: »Oh, da mag wohl einer nur ein Schwiegerelternteil?«

Kunde: »Jetzt reicht es aber.«

Bäcker: »Ist ja gut. Hier sind Ihre Brötchen. Macht dann 35 Euro.«

Kunde: »Was?! Viel zu teuer.«

Bäcker: »Das sind vier Quadratmeter Dämmfläche!«

Kunde: »Und was kosten die Brötchen als Herzmassageturm?«

Bäcker: »Zwölf neunzig.«

Kunde: »Versteh ich nicht.«

Bäcker: »Ich hab ein Herz für Schwiegereltern. So, und jetzt raus hier!«

Alaaf!

Kundin: »Feiern Sie eigentlich auch Karneval?«

Bäcker: »Na klar. Ich bin völlig außer mir vor Freude und Partylaune!«

Kundin: »Aber Sie sehen gar nicht verkleidet aus und Ihr Laden ist gar nicht dekoriert!?«

Bäcker: »Ich hab mich als Bäcker verkleidet und das hier in der Auslage sind eigentlich auch keine Brötchen.«

Kundin: »Sehr witzig. Aber Sie SIND doch Bäcker.«

Bäcker: »Ha, das denken Sie. Die Verkleidung ist anscheinend derart gelungen, dass Sie mein wahres Ich nicht erkennen.«

Kundin: »Was sind Sie denn dann im ›normalen Leben‹?«

Bäcker: »Ich bin eigentlich Gemüsehändler. Und die Körnerbrötchen hier vorne sind verkleidete Auberginen. Da, die Croissants, das sind eigentlich Möhren und mein Sellerie hat sich als Graubrot verkleidet.«

Kundin: »Sie haben einen an der Waffel!«

Bäcker: »Als was gehen Sie denn?«

Kundin: »Ich bin gar nicht verkleidet.«

Bäcker: »Also SIND Sie ein Wischmopp?«

Kundin: »Hä, wie kommen Sie denn da drauf?«

Bäcker: »Na ja, Ihre Frisur ...«

Kundin: »Da geht man einmal im Leben mit ungemachten Haaren zum Bäcker ...«

Bäcker: »... Gemüsehändler!«

Kundin: »Das ist ja ein starkes Stück! Sie verdammter Trottel!«

Bäcker: »Nun machen Sie mal halblang! Gemüsehändler ist ein ehrbarer Beruf. Nur weil Sie ein Karnevalsmuffel sind, brauchen Sie ja nicht ausfallend zu werden.«

Kundin: »Sie haben mich als Wischmopp bezeichnet!«

Bäcker: »Und Sie hielten mich für einen Bäcker. Ich würde sagen, wir sind quitt.«

Kundin: »Sie wollen mich doch veräppeln!?«

Bäcker: »Natürlich. Ich mach nur Spaß. Kann Karneval auch nicht ab. Also, was wollen Sie?«

Kundin: »Na gut. Dann nehme ich einen Sellerie, hihihi.«

Bäcker: »Ha! Der war gut. So, bitte sehr.«

Kundin: »Wie viel macht das denn?«

Bäcker: »Ich lade Sie ein.«

Kundin: »Oh, das ist nett. Bestimmt, weil Sie mich als Wischmopp bezeichnet haben?«

Bäcker: »Ja, ähm, vielleicht könnten Sie im Gegenzug kurz durch den Laden wischen?«

Kundin: »Jetzt reicht es mir aber.«

Bäcker: »Darauf ein dreifaches Festkomitee – Alaaf, Wischmopp – Alaaf, Gemüsehändler – Alaaf! Und jetzt: Auszug.«

Maritime Tage

Kunde: »Haben Sie Fischbrötchen?«

Bäcker: »Na klar, direkt hier vorne.«

Kunde: »Ähhhhm ... das sieht mir aber eher aus wie ein Graubrot!?«

Bäcker: »Quatsch. Das ist ein astreiner Wels.«

Kunde: »Ha, Sie sind mir ein Witzbold. Das ist einfach ein Laib Brot, was reden Sie denn da?«

Bäcker: »Auf den ersten Blick mag das so aussehen. Aber ich hab die Flossen abgemacht und er hat die Augen zu.«

Kunde: »Das überzeugt mich nicht.«

Bäcker: »Nicht mein Problem, wenn Sie hier ohne maritimes Knowhow reinschneien.«

Kunde: »[*deutet auf das Fladenbrot*] Und was ist das?«

Bäcker: »Eine Flunder, die ist gerade frisch reingekommen.«

Kunde: »Sie haben doch einen an der Waffel. Ich will ein Fischbrötchen, kein Brot, das angeblich ein Fisch ist.«

Bäcker: »Fromme Wünsche, mein lieber Seeteufel. Ich kann Ihnen noch eine Schnecke anbieten.«

Kunde: »Ach, Sie meinen die hier vorne mit Rosinen und Zuckerguss?«

Bäcker: »Äh, genau. Das sind zwar Steine und Schleim, aber ja, die meine ich. Ein Süßwassertier.«

Kunde: »Mir reicht's, ich geh zu Nordsee.«

Bäcker: »Warten Sie, ich mach doch nur Spaß.«

Kunde: »Geben Sie doch einfach zu, dass Sie nichts mit Fisch zu tun haben.«

Bäcker: »Okay. Sie haben gewonnen.«

Kunde: »Na gut. Ach, wissen Sie, dann nehme ich eins von den Körnerbrötchen hier vorne mit.«

Bäcker: »Gute Wahl. Kann ich Ihnen noch eine Zitrone anbieten?«

Kunde: »Hä?«

Bäcker: »Na, um nachher die Hände sauberzumachen. So ein Steinbutt ...«

Kunde: »Das reicht! Ich geh jetzt zu Nordsee.«

Bäcker: »Na dann, Petri Heil!«

Brexit

Kunde: »Was können Sie mir empfehlen?«

Bäcker: »Machen Sie bei Regen die Dachfenster zu.«

Kunde: »Ha! Das ist gut. Klar, mein Fehler. Ich meine natürlich, welches Brot können Sie empfehlen?«

Bäcker: »Nehmen Sie doch das Roggenvollkorn.«

Kunde: »Was ist daran so gut?«

Bäcker: »Wer hat gesagt, dass es gut ist? Nein, gut ist es nicht. Es ist so ein bisschen das Großbritannien unter den Teigwaren.«

Kunde: »Wieso, weil es keinen Geschmack hat?«

Bäcker: »Nein. Weil ich es endlich raushaben will aus dem Laden, es aber irgendwie den Absprung nicht packt.«

Kunde: »Ach, Sie meinen wegen des Brexits?«

Bäcker: »Schon wieder so einer, der meine Gags erklärt. Also, wie sieht es aus ... nehmen Sie eins?«

Kunde: »Ich weiß nicht so recht.«

Bäcker: »Sehen Sie, das ist exakt das Problem. Sie wären der perfekte britische Parlamentsabgeordnete.«

Kunde: »Nein, ich würde diese Verantwortung nicht übernehmen wollen.«

Bäcker: »Wie ich schon sagte: Sie wären der perfekte britische Parlamentsabgeordnete.«

Kunde: »Das wird mir zu politisch hier. Tschüss!«

Bäcker: »Wie, Sie gehen jetzt einfach? Warum plötzlich die Eile?«

Kunde: »Es regnet.«

Bäcker: »Na und?«

Kunde: »Ich hab die Dachfenster noch auf.«

Bäcker: »Okay. Der war wirklich gut.«

Chia

Kunde: »Ich hätte gerne 14 Chiabrötchen.«

Bäcker: »Wow, wow, wow! Halten Sie etwa eine Hipsterconvention ab?«

Kunde: »Äh ... nein, wieso?«

Bäcker: »Na, bei so viel Chia auf einen Haufen muss irgendwas Hipsterhaftes vor sich gehen. Oder haben Sie eine geheime Hipsterzucht?«

Kunde: »Sie sind doch verrückt.«

Bäcker: »Das hört man immer wieder – scheinbar arglose Leute haben auf einmal einen immensen Stromverbrauch, die Fenster sind abgedunkelt und wenn die Polizei die Bude stürmt, finden sie Zimmerplantagen mit buschigen Röhrenjeans.«

Kunde: »Sie wollen mich doch veräppeln!?«

Bäcker: »Mitnichten! Überlegen Sie sich das – die Nebenwirkungen sind brachial. Hier sind schon Leute nach einer Überdosis Chiabrötchen reingekommen und haben rumgeheult, weil ihnen auf einmal krude Tätowierungen am Knöchel gewachsen sind.«

Kunde: »Ich hätte jetzt gerne meine Chiabrötchen.«

Bäcker: »Ach so. Ja ..., tut mir leid, wir haben keine.«

Kunde: »Waaaaas?! Ich höre mir hier diesen ganzen bescheuerten Chia-Drogen-Hipsterquatsch an und dann haben Sie nicht mal Chiabrötchen?«

Bäcker: »Ja. Tut mir leid. Ich kann Ihnen LSD-Croissants anbieten.«

Kunde: »Jetzt reicht's. Ich ruf die Polizei.«

Bäcker: »Ist ja gut, ich mache Spaß. Hier sind Ihre Chiabrötchen.«

Kunde: »Oh Mann! Sie haben Nerven.«

Bäcker: »Essen Sie aber nur eins pro Person!«

Kunde: »Warum das?«

Bäcker: »Sonst fallen Ihnen einseitig die Haare aus und zack ... haben Sie einen Undercut. So, jetzt hinfort!«

Der Makler

Kunde: »Einen wunderschönen Montagmorgen wünsche ich!«

Bäcker: »Da könnte ich den Laden ja direkt wieder zumachen. Diese Übermotivierten! Was sind Sie, Makler oder wat?«

Kunde: »Ähm ... ja, ich bin tatsächlich Makler. Woher wussten Sie das?«

Bäcker: »Ich wusste das nicht. Aber jetzt, wo ich es weiß, denke ich: Passt. Was wollen Sie denn?«

Kunde: »Was können Sie denn anbieten?«

Bäcker: »Also ich an Ihrer Stelle würde ja irgendwas aus Teig nehmen. Das ist so meins – Sachen aus Teig. Deshalb steht oben vor der Tür auf dem Schild auch BÄCKER. Ich dachte, die Beschreibung würde viele Dinge im Vorhinein klären.«

Kunde: »Nun haben Sie sich doch nicht so! Ich wollte doch nur wissen, was Sie empfehlen. So von Kollege zu Kollege.«

Bäcker: »Hä? Wie kommen Sie denn darauf, dass wir Kollegen sind?«

Kunde: »Na ja, wir sind doch beide Händler ... irgendwie.«

Bäcker: »Die einzige Verbindung zwischen uns ist, dass Sie den Leuten das Geld aus der Tasche ziehen, das Ihnen dann für meine Brötchen fehlt. Also kommen Sie mir nicht so!«

Kunde: »Hehehe. Der war gut! Haben Sie denn gar keine Empfehlung?«

Bäcker: »Doch. Nehmen Sie das Mehrkornbrot hier vorne.«

Kunde: »Und was sind die Vorzüge?«

Bäcker: »Die Vorzüge? Na ja, es ist sehr geräumig und hat einen Südbalkon.«

Kunde: »Hä?«

Bäcker: »Ja, ja, das ist ein richtiges Traumobjekt. Diele, Küche, Bad, großes Wohnzimmer und ein hochmodernes Krustendach. Außerdem perfekt gelegen – ganz vorne in der Auslage.«

Kunde: »Hahaha. Brillant! Und, was soll das kosten?«

Bäcker: »45 Euro.«

Kunde: »Was? Sie wollen mich doch veräppeln. 45 Euro?«

Bäcker: »Ja, 45 Euro warm. Kommt gerade aus dem Ofen.«

Kunde: »Also 45 Euro für ein Mehrkornbrot ist unverschämt!«

Bäcker: »Zweieinhalb Kaltmieten Courtage für ein Gespräch ist auch unverschämt. Und jetzt raus hier! Ich muss noch drei Exposés schreiben.«

Er ist der King!

»›Torben‹ ist ein Anagramm von ›Broten‹. Ich sag es nur.«

DER LIEBLINGSBÄCKER

Alternatives Geschäftsmodell

Kunde: »Darf ich Ihnen eine Frage stellen?«

Bäcker: »Ist das schon die Frage oder kommt dann noch eine?«

Kunde: »Ha! Der ist gut. Nein, da käme dann noch eine.«

Bäcker: »Dann nicht.«

Kunde: »Hahaha. Sensationell. Sie sind einmalig. Wissen Sie ... eine Bekannte hat Sie empfohlen.«

Bäcker: »Tja, man kann sich die Freunde nicht aussuchen. Welches Brot hat Sie Ihnen denn ans Herz gelegt?«

Kunde: »Brot? Nee. Ich bin wegen Ihrer Sprüche hier.«

Bäcker: »Aha. Ich verkaufe aber Brot. Also was wollen Sie?«

Kunde: »Haben Sie nicht so eine launisch konnotierte Lebensweisheit für mich?«

Bäcker: »Sehe ich aus wie ein debiler Glückskeksweisheiten-Ausdenker, oder was?«

Kunde: »Kommen Sie! Ich geb Ihnen auch einen Fünfer.«

Bäcker: »Fünf Euro für einen blöden Spruch?«

Kunde: »Exakt.«

Bäcker: »Okay: Kriegst du heut nicht viel gebacken – geh kacken. So, jetzt her mit der Kohle und raus hier!«

Kunde: »Das ist brillant. Hier sind die fünf Euro. Sie sollten einen Kalender daraus machen. Pro Tag ein Bild von einem Brot und eine Ihrer Weisheiten.«

Bäcker: »Und das würde irgendwer kaufen?«

Kunde: »Klar. Die Leute stehen auf sowas.«

Bäcker: »Kein Wunder, dass diese Spezies sich selbst zersemmelt.«

Kunde: »Sehen Sie. Zack, der zweite Spruch für den Kalender.«

Bäcker: »Hm. Gehst du raften mit dem Schlauchboot – kauf dir vorher noch ein Graubrot.«

Kunde: »Genial. Sie machen das also?«

Bäcker: »Auf keinen Fall, Sie Larry.«

Kunde: »Okay. Wenigstens noch einen zum Abschied.«

Bäcker: »Kommt das Volk nicht wegen Broten, sind das meistens nur Idioten.«

Der Paolo Coelho der Teigwaren.

»Jeder Tag ohne eine Scheibe Schweizer Kruste ist ein verlorener Tag.«

DER LIEBLINGSBÄCKER

Sommerpause

Kunde: »Gott sei Dank, Sie haben auf.«

Bäcker: »Klar hab ich auf. Wieso auch nicht?«

Kunde: »Mein Stammbäcker macht Sommerpause.«

Bäcker: »Ha! Sommerpause. Der macht bestimmt auch Franzbrötchen.«

Kunde: »Ähm ... ja. Aber was hat das damit zu tun?«

Bäcker: »Wer Franzbrötchen macht, springt auf jeden schwachsinnigen Zug auf.«

Kunde: »Aber die Sommerpause ist doch kein schwachsinniger Zug!?«

Bäcker: »Neumodischer Schnickschnack! ›Ohhhh, ich klöppel hier in meiner Hippsterspelunke für die erhabene Kundschaft Franzbrötchen und im August bin ich immer ganz ermattet – ich brauche uuuuunbedingt eine Sommerpause.‹ Affig! So, was wollen Sie?«

Kunde: »Also mein Stammbäcker ist irgendwie freundlicher!«

Bäcker: »Verwechseln Sie das bloß nicht. Wenn ich hier die ganze Zeit in Franzbrötchennebel stehen müsste, würde ich auch debil vor mich hin grinsen. Also, was soll's sein?«

Kunde: »Na ja, eigentlich wollte ich ja drei Franzbrötchen kaufen.«

Bäcker: »Okay, kein Problem.«

Kunde: »Ha! Sie sind mir ja einer. Richtiger Scherzkeks. Wirklich gut. Ja dann: drei Franzbrötchen.«

Bäcker: »Die können Sie haben.«

Kunde: »Ja klasse ... ähm, wo sind die denn?«

Bäcker: »Ach so. Ja, die gibt es nach der Sommerpause wieder. Bei Ihrem debilen Systembäcker. Ich mach nur Graubrot. Und jetzt raus hier!«

Kernkompetenz

Kundin: »Hallöchen! Ich hätte gerne Brötchen.«

Bäcker: »Wer sind Sie denn, die Diminutiva?«

Kundin: »Äh, keine Ahnung! Ich hätte einfach nur gerne Brötchen.«

Bäcker: »Die Leute werden immer bekloppter. Jetzt wollen die hier beim Bäcker schon Brötchen kaufen. Dabei weiß doch jeder, dass es hier vor allem Schlauchboote und Schrundsalbe gibt.«

Kundin: »Sie haben keine Brötchen?«

Bäcker: »Natürlich nicht. Haben Sie schon mal in einer Bäckerei Brötchen gekriegt? Wo kommen Sie her, aus Monaco?«

Kundin: »Sie veräppeln mich doch hier!? Brötchen sind doch die Kernkompetenz von Bäckern!?«

Bäcker: »Meine Kernkompetenzen sind vor allem Tierjonglage und Trichtersaufen.«

Kundin: »Tierjonglage ...?«

Bäcker: »Ja, man holt sich eine Handvoll kleiner Nager, zieht sich einen lustigen Hut an, geht an die nächstbeste Kreuzung und dann hoch die Meersau. Das ist eine Goldgrube, sag ich Ihnen.«

Kundin: »Sie jonglieren in Ihrer Freizeit mit Meerschweinen an der Ampel?«

Bäcker: »Was heißt hier in der Freizeit! Das ist mein Hauptberuf.«

Kundin: »Jetzt reicht es aber. Ich lasse mich doch nicht zum Narren halten.«

Bäcker: »Okay, Sie haben mich durchschaut. Ich bin kein Jongleur. In Wahrheit ist das hier ein Klempnerbedarf. Brauchen Sie eine Muffe?«

Kundin: »So, ich hab genug! Das ist ja eine Unverschämtheit.«

Bäcker: »Beruhigen Sie sich, ich mache doch nur Spaß. Was darf es sein?«

Kundin: »Na gut. Sie sind mir einer ... Also, drei normale Brötchen.«

Bäcker: »Alles klar. Wollen Sie noch ein Meerschweinchen dazu?«

Kundin: »Sie spinnen doch!«

Bäcker: »Klar. Und jetzt raus hier, ich hab gleich 'ne Vorstellung.«

Spezialmaterial

Kunde: »Oh Mann! Da ist ja wieder was los zwischen dem Trump und dem Erdogan. Wenn das mal keinen Krieg gibt.«

Bäcker: »Die essen alle zu wenig Graubrot. Wenn die Leute mehr von der Schweizer Kruste mümmeln würden, gäb es keinen Krieg. Das sediert und macht glücklich.«

Kunde: »Klingt irgendwie nach Drogen.«

Bäcker: »Na ja. Nur weil man ein bisschen MDMA in den Teig rieselt, muss man ja noch nicht von Drogen sprechen.«

Kunde: »Sie wollen mich doch auf den Arm nehmen!«

Bäcker: »Beruhigen Sie sich, der Anteil Roggenmehl ist deutlich höher.«

Kunde: »Wie beruhigend. Das ist doch illegal. Was wenn einer deswegen ausrastet?«

Bäcker: »Na, na! Nun machen Sie aber mal einen Punkt. Das Valium tut da seinen Dienst, um gegenzusteuern.«

Kunde: »Sie haben doch einen Knall!«

Bäcker: »Au contraire, lieber Freund. Ich bin komplett bei Sinnen. Was darf ich denn für Sie tun?«

Kunde: »Ich wollte eigentlich einen von den Donuts mit den bunten Streuseln nehmen ...«

Bäcker: »Sind Sie schon mal nackt auf einem Drachen geflogen?«

Kunde: »Äh, nein.«

Bäcker: »Dann würde ich Ihnen den Donut empfehlen – das ist einmalig.«

Kunde: »Sie sind ja verrückt! Sie veräppeln mich doch?«

Bäcker: »Klar. Das wäre doch viel zu offensichtlich. Das LSD ist in den Schokomuffins, wo es niemand vermutet.«

Kunde: »Mir reicht's. Ich geh zu Kamps.«

Bäcker: »Schöne Grüße! Die verwenden meine Backmischung.«

Kunde: »Das gibt es doch nicht. Sie sind ja gemeingefährlich!«

Bäcker: »Nun beruhigen Sie sich, ich mache doch nur Spaß. Also, was darf es sein?«

Kunde: »Oh Mann! Sie können einen echt zur Weißglut bringen. Na gut, dann nehm ich zwei von den Donuts.«

Bäcker: »Gute Wahl. Macht drei zwanzig.«

Kunde: »Hier. Dann einen schönen Tag!«

Bäcker: »Ihnen auch. Und ... ähm, guten Flug!«

»Knäckebrot ist das Billy-Regal unter den Broten: Schwedisch, industriell gefertigt und es macht ›Knack‹, wenn man reinbeißt.«

DER LIEBLINGSBÄCKER

Star Wars

Ein Mädchen von ungefähr 16 Jahren steht in der Schlange und hört Musik über Kopfhörer. Sie trägt ein Star-Wars-Sweatshirt.

Bäcker: »Sie sind dran.«

Mädchen: »Hä?«

Bäcker: »[*deutet an, dass sie die Kopfhörer runternehmen soll*] Haben Sie ein Pech! Wenn Sie gerade zugehört hätten, wären Sie nun im Besitz eines Jaguars. Gewinnspiel. Aber jetzt ist es zu spät.«

Mädchen: »Was soll ich mit einer Raubkatze?«

Bäcker: »Okay, vergessen Sie's. Was hören Sie denn eigentlich?«

Mädchen: »Coldplay. Die kommen bald wieder nach Deutschland. Auf Tournee.«

Bäcker: »Coldplay!? Kenn ich nicht.«

Mädchen: »Waaaas? Oh mein Gott! Sie kennen Coldplay nicht!?«

Bäcker: »Äh, nein. Dafür kenne ich mehrere Jaguars.«

Mädchen: »Na ja, also Coldplay ist schon SEHR bekannt.«

Bäcker: »Tja, Fehlanzeige. Man kann ja nicht alles wissen!«

Mädchen: »[*denkt nach und deutet dann auf ihren Star-Wars-Pulli*] Da haben Sie natürlich recht. Ich meine ... ich hab den Pulli hier jetzt auch schon seit fünf Jahren und kenne kein einziges Lied von denen.«

Bäcker: »[*guckt ungläubig*] So, so. Was nehmen Sie denn nun?«

In diesem Moment ertönt ein pfeifender Ton aus der Backstube – die nächste Charge ist fertig.

Mädchen: »Was war das denn?«

Bäcker: »Oh, das ist mein Proberaum. Wir haben eine Band. Das gerade war der Flötist. Er heißt ›Darth Vader‹ und wenn ich ihn jetzt nicht aus der Aufnahmekabine hole, wird er schwarz.«

Das E-Roller-Problem

Kunde: »Klasse, diese Elektroroller. Perfekt zum Brötchenholen!«

Bäcker: »Klar. Wenn's für ein eigenes Fahrrad nicht reicht. Was darf es sein?«

Kunde: »Ähm ... ja ... dann hätte ich gerne sechs Mehrkornbrötchen.«

Bäcker: »Hätte ich auch gerne.«

Kunde: »Hä? Aber ...«

Bäcker: »War ein Witz. Wollen Sie denn auch mit dem Roller wieder nach Hause dilettieren?«

Kunde: »Ja. Warum?«

Bäcker: »Oh, das wird nicht gehen.«

Kunde: »Klar geht das! Wieso sollte das nicht gehen?«

Bäcker: »Nun ja ... die Mehrkornbrötchen stören das Magnetfeld des Rollers.«

Kunde: »So ein Quatsch! Die Dinger sind aus Teig ...«

Bäcker: »Meinen Sie jetzt die E-Roller oder meine Brötchen?«

Kunde: »Sehr witzig! Sie wollen mich wohl veräppeln?!«

Bäcker: »Nein. Die Mehrkornbrötchen haben einen positiv geladenen Ionenkern aus Eisen. Das verträgt sich nicht mit den negativ geladenen Lithium-Ionen im E-Roller. Der explodiert dann.«

Kunde: »Nur weil ein paar Spurenelemente im Brötchen sind, wird doch der Roller nicht gleich ...«

Bäcker: »Wenn ich ›Eisen‹ sage, meine ich einen Klumpen Eisen. Da darf man nicht zu fest reinbeißen, sonst kommt die Zahnfee.«

Kunde: »Das wird mir zu bunt hier. Sie haben doch einen Knall!«

Bäcker: »Ich bringe Sachen zum Knallen, dann habe ich einen Knall. Aber Spaß beiseite: Wenn Sie drei Croissants dazu nehmen, geht es. Die sind mit Anionen angereichert und gleichen die Ladung aus.«

Kunde: »Sie sind verrückt. Warum sollte jemand so etwas tun?«

Bäcker: »Ich kann E-Roller nicht ab.«

Kunde: »Ich geh jetzt zu Kamps.«

Bäcker: »Warten Sie! Das war doch ein Scherz.«

Kunde: »Puh! Sie sind mir einer.«

Bäcker: »Ja. Drei Croissants reichen nämlich nicht, es müssen vier sein.«

Kunde: »Genug! Das ist ja die Höhe. Ich bin weg!«

Bäcker: »Meine Güte, seien Sie doch nicht so empfindlich. Ich habe mir doch nur einen Scherz erlaubt. Hier sind Ihre sechs Mehrkornbrötchen.«

Kunde: »Oh Mann! Da haben Sie mich aber drangekriegt. Wie viel macht das?«

Bäcker: »Drei Euro sechzig bitte.«

Kunde: »Hier. Danke.«

Bäcker: »Keine Ursache. Soll ich Ihre Verwandten benachrichtigen?«

Kunde: »Hä?«

Bäcker: »Na wegen der Explosion. Das wirft Fragen auf.«

Kunde: »Wissen Sie was? Ich geh zu Fuß nach Hause.«

Bäcker: »Na also. Weise Entscheidung!«

»Ich bin einfach ein Ährenmann.«

DER LIEBLINGSBÄCKER

Mit Liebe gebacken

Kunde: »Haben Sie gesehen, Kamps hat jetzt so Aufsteller vor der Tür. ›Mit Liebe gebacken‹ steht da drauf. Schön, nicht?«

Bäcker: »Also ich back ja meistens mit Teig.«

Kunde: »Hihihi. Der war gut. Aber da ist doch trotzdem bestimmt auch eine Spur Liebe drin!?«

Bäcker: »Vor allem eine Spur Salz, sonst gibt das keinen.«

Kunde: »Nun geben Sie doch Ihrer emotionalen Seite mal Raum! Sie müssen doch irgendwas fühlen, wenn Sie Ihr Brot backen?!«

Bäcker: »Hass. Es ist die blanke Abneigung.«

Kunde: »Huch! Gegen was denn?«

Bäcker: »Kamps.«

Kunde: »Und wie äußert sich das bei Ihnen?«

Bäcker: »Manchmal dresche ich auf den Teig ein und beschimpfe ihn mit Konditoreibegriffen. Dann nenne ich das Graubrot auch schon mal ›verdammtes Eclair‹ oder ›bekacktes Törtchen‹.«

Kunde: »Das ist ja schlimm.«

Bäcker: »Ja. Letztens habe ich einem Mehrkornbrötchen ein Bein gestellt.«

Kunde: »Hä? Das kann doch nicht laufen ...«

Bäcker: »Ach wissen Sie, das ist schon ein paar Wochen alt ... es kann definitiv laufen.«

Kunde: »Sie veräppeln mich doch.«

Bäcker: »Natürlich. War nur Spaß. Alles mit Liebe gebacken!«

Kunde: »Sie sind mir einer. Puh, da bin ich erleichtert. Dann nehme ich ein Graubrot.«

Bäcker: »Gute Wahl. Das ist mit besonders viel Liebe gebacken. Ich habe dem Laib eben noch einen Zungenkuss gegeben. Deshalb kann es beim Aufschneiden ein bisschen kleben. So, macht drei zwanzig.«

Er ist doch ein Romantiker.

Der etwas andere Impfstoff

Kunde: »Und, haben Sie jetzt auch Angst vor Corona?«

Bäcker: »Nö. Ich esse seit Jahren meine Brötchen, mich kann nichts erschüttern.«

Kunde: »Was soll das denn heißen?«

Bäcker: »Da ist so viel Dreck drin, ich bin immun gegen alles.«

Kunde: »Das ist doch Quatsch!«

Bäcker: »Mitnichten. Manche impfen sogar ihre Babys mit meinen Körnerbrötchen.«

Kunde: »Sie sind ja vollkommen verrückt. Darüber macht man keine Witze!«

Bäcker: »Über Babys?«

Kunde: »Mir reicht es. Ich gehe zu Backwerk.«

Bäcker: »Ist ja gut. War doch nur Spaß.«

Kunde: »Es ist nicht die Zeit für Späße!«

Bäcker: »Das sehe ich anders. Was nehmen Sie denn nun?«

Kunde: »Ähm ... drei Körnerbrötchen.«

Bäcker: »Ha! Der war gut. Sie haben wohl ein Baby?«

Kunde: »Nein, ich bin nicht geimpft.«

Bäcker: »Jetzt bin ich verunsichert.«

Kunde: »Da sind Sie nicht allein.«

Bäcker: »Touché. Gut gespielt. Und was machen wir jetzt?«

Kunde: »Ruhe bewahren, Rücksicht nehmen, vernünftig sein. Deal?«

Bäcker: »Deal. Dann such ich mal die Brötchenzange.«

Dass ich das noch erleben darf …

Wirre Zeiten

Kunde: »Ich hätte gerne irgendwas Dünnes.«

Bäcker: »Wie wäre es mit Alufolie?«

Kunde: »Haha. Der war gut! Nein, ich meine irgendwas, das ich gut unter dem Mundschutz herschnabulieren kann, ohne ihn absetzen zu müssen.«

Bäcker: »Das ist die bescheuertste Bestellung überhaupt, wenn ich das so sagen darf. Aber wissen Sie was: Ich hab hier zufällig noch 250 Hostien. Die waren eigentlich für die evangelische Kirchengemeinde.«

Kunde: »Ähm ... aber ... die Evangelischen haben doch gar keine Kommunion?!«

Bäcker: »Genau. Deshalb brauch ich die nicht mehr.«

Kunde: »Aber wieso haben Sie die denn überhaupt gemacht?«

Bäcker: »Präventives Backen. Ich dachte, die passen sich irgendwann an den Mainstream an. Aber denkste! Sture Protestanten sind das.«

Kunde: »Warum geben Sie die Dinger nicht der katholischen Gemeinde?«

Bäcker: »Na Sie sind mir ja ein Opportunist! Nee, ich hab auch meine Prinzipien. Ich bin Team Luther!«

Kunde: »Das ist nicht Ihr Ernst. Sie wollen mich doch auf den Arm nehmen!?«

Bäcker: »Stimmt. Ein kleiner Spaß. Das Einzige, woran ich glaube, ist Graubrot. So, was wollen Sie?«

Kunde: »Heißt das, Sie haben gar keine Hostien?«

Bäcker: »Natürlich nicht. Aber ich kann Ihnen eine Bandnudel anbieten. Die ist ebenfalls sehr dünn.«

Kunde: »Ach, Sie machen auch Nudeln?«

Bäcker: »Nein, ich hab gestern beim Italiener bestellt und da ist noch was übrig.«

Kunde: »Dann nehme ich ein Graubrot.«

Bäcker: »Das kam unerwartet. Nun denn, die Wege mancher Herrn sind unergründlich. Wollen Sie noch einen Wein dazu?«

Kunde: »Hä?«

Bäcker: »Na ja, das ist der Laib Christi.«

Kunde: »Jetzt reicht's. Der religiöse Bogen ist überspannt.«

Bäcker: »War doch nur ein Witz. Hier, Ihr Brot.«

Kunde: »Was kostet das?«

Bäcker: »Ach, das ist umsonst. Teilen Sie es einfach mit Ihren Jüngern.«

Kunde: »Sie sind bekloppt. Ich hab keine Jünger.«

Bäcker: »Zu dumm. Na gut, dann macht das fünf neunzig.«

Es sind doch wirre Zeiten!

»›Bis dass das Brot Euch schneidet.‹
Das wäre mal wirklich für immer.«

DER LIEBLINGSBÄCKER

Fun Facts

Einige von Ihnen mit fundierten Theologiekenntnissen werden nach der letzten »Unterhaltung« in unserer Lieblingsbäckerei zu Recht brüskiert einwenden, dass es doch auch bei den Protestanten eine Kommunion gibt, nämlich das Abendmahl. Wussten Sie nicht? Nun, dann ist das hier Ihre Seite! Hier gibt es ein paar wissenswerte Fun Facts zum Thema »Brot«. Da sieht sich unser Bäcker bei aller Satire und allem Klamauk auch zu einem Bildungsauftrag verpflichtet. Also, ob Sie es glauben oder nicht, ...

... im Ägyptischen bedeutet das Wort »Aish« sowohl »Brot« als auch »Leben«. Da bekommt der Untertitel dieses Buches doch direkt eine poetische Bedeutung. Übrigens soll das erste Brot, welches wir in unserer heutigen Form kennen, in Ägypten am Ufer des Nils gebacken worden sein. Dort wurde dann auch vor etwa 6.000 Jahren der Sauerteig erfunden. Und wir reden immer nur über die Sphinx!

... Ägypten galt auch tatsächlich in der Antike als die »Kornkammer Roms«. Immerhin ein Drittel des Getreidebedarfes in Rom wurde von der ägyptischen Getreideflotte gedeckt.

... bereits im 2. Jahrhundert vor Christus gab es in Rom Berufsbäcker.

... die Französische Revolution begann neben anderen, politisch-strukturellen Problemen wie Armut oder der Überdrüssigkeit der Bevölkerung im Hinblick auf den Absolutismus vor allem wegen Brotknappheit. Vor allem in Paris war dieses Grundnahrungsmittel bis 1789 derart rar geworden, dass die Menschen irgendwann auf die Straßen gingen. Et voilá: Revolution.

... in Deutschland gibt es wohl ca. 3.200 verschiedene Brotspezialitäten. Da ist vom Aztekenbrot bis zur Zeusstange für jeden Gaumen was dabei.

... Bernd das Brot ist gar kein echtes Brot. Das ist nur ein Typ in einem Kostüm. Ich weiß, das ist jetzt hart für Sie! Ach ja, den Weihnachtsmann gibt es auch nicht. Ernüchternd. Was trotzdem interessant ist: Bernd das Brot erhielt 2004 den Grimme Preis.

... die Deutsche Brotkultur gehört seit 2014 zum immateriellen UNESCO-Weltkulturerbe.

... pro Haushalt werden in Deutschland im Jahr über 56 Kilogramm Brot verzehrt. Das ist immerhin das Gewicht von zwei Teilnehmerinnen bei Germany's Next Topmodel. Erstaunlich!

... das Wort »Brot« leitet sich vom Altgermanischen »Brauda« ab. Früher bedeutete der Begriff nicht nur das Nahrungsmittel, sondern war auch Synonym für Nahrung, Beschäftigung und Unterhalt. Daraus erschließt sich auch die tatsächliche Bedeutung der Redewendung »In Lohn und Brot stehen«.

... es gibt in Deutschland eine Gesamtzahl von rund 45.000 Verkaufsstellen für Brot. Davon sind allerdings »nur« 10.500 Meisterbetriebe, also klassische Bäckereien. Und eine davon gehört unserem Lieblingsbäcker. Dorthin soll es nach dieser Exkursion in die kuriosen Fakten des mehligen Metiers natürlich auch wieder gehen. Also, weiterhin viel Spaß mit unserem kauzigen Getreidegourmet!

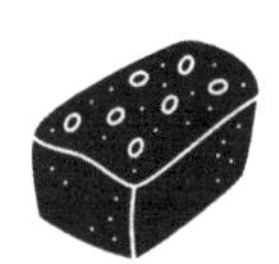

»Von Brot wird man nicht dick.
Man entfaltet sich bloß zu wahrer Schönheit.«

DER LIEBLINGSBÄCKER

Die Inspektion

Mann: »Guten Tag, ich bin vom Gesundheitsamt.«

Bäcker: »Aaaaaaaaha! Die Politessen der Gastronomie. Was kann ich gegen Sie tun?«

Mann: »Wie bitte? Was Sie gegen mich tun können?«

Bäcker: »Habe ich ›gegen‹ gesagt? Ich meinte natürlich ›für‹!«

Mann: »So, so. Nun denn. Das ist eine Routinekontrolle – ich schaue, ob alles in Ordnung ist und die Sauberkeitsstandards erfüllt werden.«

Bäcker: »Machen Sie sich keine Sorgen! Ich schicke die Kakerlaken jeden Morgen zum Duschen.«

Mann: »Sehr witzig.«

Bäcker: »Kleiner Scherz. Hier ist alles pikobello. Wollen Sie ein Stück Schabenbrot?«

Mann: »Was?«

Bäcker: »Fladenbrot. Wollen Sie ein Stück, kommt frisch aus dem Ofen?«

Mann: »Nein, danke.«

Bäcker: »Oder einen Dreckmann?«

Mann: »Wie bitte?«

Bäcker: »Ob Sie einen leckeren Weckmann haben wollen?«

Mann: »Sie halten mich zum Narren, stimmt's?«

Bäcker: »Absolut nicht. Bienenstich?«

Mann: »Ja, einen Bienenstich würde ich tatsächlich nehmen.«

Bäcker: »Dann machen Sie doch mal einen Arm frei und folgen Sie mir in die Backstube, hier ist der Stock!«

Mann: »Das ist mir zu blöd. Ich rufe gleich die Polizei.«

Bäcker: »Beruhigen Sie sich! Ich mache doch nur Spaß. Hier ist wirklich alles okay. Hygiene wird bei mir großgeschrieben. Ich achte sehr auf Orthografie.«

Mann: »Hören Sie jetzt sofort auf mit diesen Sprüchen!«

Bäcker: »Ihr versteht aber auch keinen Spaß, Ihr Leute vom Amt!«

Mann: »Ich möchte mir jetzt Ihre Backstube ansehen und dann verfasse ich einen Bericht.«

Bäcker: »Kein Problem. Warten Sie drei Minuten, der Kammerjäger ist gleich durch!«

Mann: »Der Bogen ist mehr als überspannt. Ich rufe die Polizei.«

Bäcker: »Ist ja gut. Treten Sie ein! Hier ist die Backstube. Alles wie geleckt!«

Mann: »Das ist Ihre letzte Chance. Also gut, dann schauen wir mal ...«

Bäcker: »Sehen Sie, blitzeblank ...«

Mann: »Das sieht wirklich wie geleckt aus.«

Bäcker: »Genau. Das ist alles geleckt. Ich schicke hier dreimal die Woche eine Horde Katzen durch, die schlabbern mir den Laden sauber.«

Mann: »Okay. Das war die letzte Chance. Ich breche gleich zusammen hier!«

Bäcker: »Tun Sie sich selbst einen Gefallen und machen Sie das draußen! Wenn Sie hier auf den Boden fallen, kann ich für nichts garantieren. Keime über Keime!«

Mann: »Ich gebe es auf. Sie hören von uns. Das wird ein Nachspiel haben.«

Bäcker: »Nun seien Sie doch nicht so steif! Ist doch alles ein Witz. Ich putze jeden Tag, halte alle Zutaten frisch und desinfiziere die Flächen regelmäßig.«

Mann: »Jetzt bin ich skeptisch.«

Bäcker: »Sie haben doch selbst gesehen, dass alles in Ordnung ist.«

Mann: »Hm. Ja, ... das stimmt. Also gut, dann will ich Gnade vor Recht ergehen lassen.«

Bäcker: »Sehr gut. Ich danke Ihnen.«

Mann: »Alles klar. Dann bis zum nächsten Mal.«

Bäcker: »Super. Tschüss! ... Ach so: Lassen Sie die Tür ruhig auf, für die Katzen!«

Er kann es einfach nicht lassen.

Zertifiziert

Kundin: »Sind Ihre Backwaren eigentlich zertifiziert?«

Bäcker: »Wo kommen Sie denn her, von Yelp?«

Kundin: »Ähm, nein. Warum?«

Bäcker: »Na wegen diesem Hang zu Bewertungen.«

Kundin: »Na ja, darauf kommt es doch heute an. In meiner Nachbarschaft gibt es einen ›Demeter-zertifizierten‹ Bäcker, einen ›Bioland‹-Bäcker und einen, der das Zertifikat ›Slow-Bäcker‹ trägt.«

Bäcker: »Der letzte trödelt wahrscheinlich einfach.«

Kundin: »Nein, der legt sehr viel Wert auf traditionelles Backen, mit großer Sorgfalt.«

Bäcker: »Klingt, als würde er einfach ... äh, wie sagt man ... backen!«

Kundin: »Machen Sie sich nur lustig, an so ein Zertifikat kommt nicht jeder.«

Bäcker: »Mein Bruder ist Lehrer.«

Kundin: »Ja, und?«

Bäcker: »Der ist staatlich zertifizierter Pädagoge. Und damit der laufende Beweis, dass nun wirklich jeder an derartige Zertifikate kommt.«

Kundin: »Aber Lehrer und Bäcker ... das ist doch überhaupt nicht vergleichbar.«

Bäcker: »Aber sicher! Lehrer haben, genau wie Ihr Demeter-Bäcker, ausschließlich mit Naturprodukten zu tun, wollen dieselben am liebsten so schnell wie möglich loswerden und kriegen leider abseits ihres Fachgebietes oft nichts Ordentliches gebacken.«

Kundin: »Wow, das ist rhetorisch aber ganz schön findig.«

Bäcker: »Das will ich meinen. Ich bin vom Goethe-Institut zertifiziert.«

Kundin: »Sie veräppeln mich!?«

Bäcker: »Nein, nein, holde Maid. Die kommen einmal im Jahr und nehmen mir hier eine Grammatikprüfung ab.«

Kundin: »So ein Unsinn! Das glaube ich Ihnen nicht.«

Bäcker: »Tja, irrend lernt man!«

Kundin: »Jetzt bin ich baff! Das ist von Goethe.«

Bäcker: »Chapeau! Woher wissen Sie das?«

Kundin: »Ich bin Deutschlehrerin.«

Bäcker: »Sind Sie verheiratet?«

Kundin: »Nein. Wie kommen Sie denn darauf?«

Bäcker: »Na ja, ich hätte da einen Bruder zu verkuppeln. Ich glaube, Sie würden sich verstehen.«

Kundin: »Aber Sie haben doch eben gesagt, dass er nicht viel taugt.«

Bäcker: »Genau. Dafür hat er das gleiche Zertifikat wie Sie. Und darauf kommt es doch heute an.«

Bei irgendeinem Bäcker in Braunschweig

Ich: »Hallo, ich würde dann wohl ein Croissant nehmen.«

Bäcker: »Oh, der feine Herr! Ein Croissant! Sie sind wohl Franzose!?«

Ich: »Das nicht. Aber ich mag Croissants.«

Bäcker: »Und ich mag Lamborghinis. Aber sehen Sie hier vor dem Haus irgendwo einen?«

Ich: »Äh, nein.«

Bäcker: »Na also. Das Leben ist kein Wunschkonzert.«

Ich: »Also müsste ich Franzose sein, um das Croissant zu bekommen?«

Bäcker: »Das wäre ein Anfang.«

Ich: »Sind Sie denn überhaupt Franzose?«

Bäcker: »Ahhhh, ich weiß, worauf das hinausläuft. Der Großcousin zweiten Grades meiner geliebten Mutter war aus dem Elsaß. Das macht mich quasi auch zu einer Art Franzose. Und weil ›la France‹ und besonders das Elsaß ja nun mit den Deutschen keine guten historischen Erfahrungen gemacht hat, verkaufe ich Croissants nur an Franzosen.«

Ich: »Sie wollen mich doch vergackeiern!?«

Bäcker: »Ja selbstverständlich. Das war nur ein Scherz. Mann, Sie sollten Ihr Gesicht sehen! Hier ist Ihr Croissant. Darf es sonst noch etwas sein?«

Ich: »Puh! Na, Sie sind mir einer. Ja, ich nehme noch einen Espresso zum Mitnehmen.«

Bäcker: »Ah. Okay. Ähm, sagen Sie, sind Sie denn Italiener?«

Ich: »Jetzt hören Sie aber auf!«

Bäcker: »Also, bevor Sie gleich wieder nachfragen: Eine Schwippschwägerin schwesterlicherseits meines geliebten Onkels Manfred kam dereinst aus Bergamo ...«

Ich: »Sagen Sie, kann es sein, dass Sie einen Bruder in der Nähe von Köln haben, der ebenfalls im Backgewerbe tätig ist?«

Bäcker: »Wieso?«

Ich: »Ach, ich kenne da einen, der ist Ihnen sehr ähnlich.«

Bäcker: »Dann schönen Gruß. Vielleicht besuche ich ihn mal. Mit meinem Lamborghini.«

Ich: »Sie haben also doch einen?«

Bäcker: »Nein. Bin ja kein Italiener. Hier ist Ihr Espresso. Macht zwölf Franc.«

Ich bin verwirrt. Und fühle mich zumindest ein bisschen zu Hause.

Das Bonus-Prinzip

Kundin: »Sagen Sie, gibt es bei Ihnen eigentlich auch diese Stempelkarten?«

Bäcker: »Sehe ich aus wie ein Finanzbeamter?«

Kundin: »Äh, ... nein. Aber bei Kamps gibt es diese kleinen Heftchen. Für jedes gekaufte Brot bekommt man einen Stempel und wenn das Heft voll ist, kriegt man ein Brot geschenkt.«

Bäcker: »Typisch Kamps, tun alles, um ihren Plunder loszuwerden.«

Kundin: »So ein Heftchen haben Sie wohl nicht, was?«

Bäcker: »Bei mir gibt es tatsächlich etwas Ähnliches. Aber mit Tätowierungen.«

Kundin: »Wie bitte?!«

Bäcker: »Haben Sie noch nie Leute mit chinesischen Schriftzeichen im Nacken gesehen? Das sind alles Kunden von mir.«

Kundin: »Sie veräppeln mich!?«

Bäcker: »Nein, nein. Bei jedem gekauften Brot kriegt man das entsprechende Schriftzeichen in den Nacken.«

Kundin: »Das gibt es doch nicht! Und was hat man davon?«

Bäcker: »Wenn der Rücken bis zum Hintern voll ist, gibt's ein Croissant.«

Kundin: »Das ist Irrsinn! Sie halten mich zum Narren.«

Bäcker: »Sicher, war ein Witz. Was möchten Sie denn haben?«

Kundin: »Ha! Ich dachte schon ... na, Sie sind mir ein Witzbold. Dann nehme ich ein Sechskornbrot.«

Bäcker: »Gute Wahl. Hier ist das Brot. Macht drei zwanzig. Und hier haben Sie Desinfektionsmittel, schmieren Sie sich schon mal den Nacken ein.«

Erwartungshaltung

Kunde: »Hallo. Ein Bekannter hat Sie empfohlen.«

Bäcker: »Man kann sich seine Freunde nicht aussuchen. Was hätten Sie denn gerne?«

Kunde: »Haha! Goldig.«

Bäcker: »Goldig? Wer sind Sie denn – Tante Lisbeth, oder was? Jetzt bestellen Sie endlich, sonst hol ich den Teppichklopfer!«

Kunde: »Phänomenal! Dieser Sarkasmus, das ist unglaublich frisch.«

Bäcker: »Im Gegensatz zu meinen Brötchen. Hören Sie: Sie verschwenden hier meine Zeit, bestellen Sie jetzt, oder wie?«

Kunde: »Okay. Was haben Sie denn im Angebot?«

Bäcker: »Jetzt passen Sie mal auf, Sie Blitzbirne: Das ist eine Bäckerei und keine Tchibo-Filiale. Es ist nicht so, als hätte ich hier hinten in der Backstube noch Kajaks, tibetanisches Kräutersalz und ferngesteuerte Schakale im Angebot. Hier gibt es Brot. Surprise, surprise. Und jetzt: Make your choice!«

Kunde: »Ist ja gut. Dann nehme ich einen Kamillentee.«

Bäcker: »Sie spielen ein gefährliches Spiel. Das einzig Liquide hier ist die Bananenmilch.«

Kunde: »Sie haben Bananenmilch, das ist ja wundervoll. Dann hätte ich gerne eine Flasche.«

Bäcker: »Nicht in Flaschen. Die Bananenmilch ist im Baguette.«

Kunde: »Jetzt hören Sie auf! Wie soll das denn gehen?«

Bäcker: »Ich friere die Bananenmilch in einem Schlauch ein, trenne sie dann heraus und wickle sie in Baguetteteig. Dann in den Ofen – et voilá.«

Kunde: »Sie spinnen, das ist doch Quatsch!?«

Bäcker: »Wissen Sie, was der Hammer ist?«

Kunde: »Verraten Sie es mir.«

Bäcker: »Der Schlauch hat eine spezielle Struktur, das Resultat sieht dann aus wie eine Flöte – und piept sogar beim Reinblasen.«

Kunde: »Das ist total absurd. Warum sollte man so etwas machen?«

Bäcker: »Ich nenne das Baguette ›Backpfeife‹. Super, oder? Also, was kriegen Sie?«

Kunde: »Dann nehme ich eine von Ihren Backpfeifen.«

Bäcker: »[*mit der Hand ausholend*] Dann komm mal her, du Vogel!«

Kunde: »Ernsthaft … nur für den blöden Gag die ganze Geschichte?«

Bäcker: »Ja. Sie haben es nicht besser verdient mit Ihrer Erwartungshaltung. Und jetzt raus hier!«

»Ich wäre ja auch Konditor geworden.
Aber dafür fehlt mir der Intellekt.«

DER LIEBLINGSBÄCKER

Normale Leute

Kundin: »Einen wunderschönen guten Morgen!«

Bäcker: »Ich verbitte mir diese Laune!«

Kundin: »Was ist denn mit Ihnen verkehrt? Ich bin einfach gut drauf.«

Bäcker: »Dann empfehle ich Ihnen eine Zimtstange. Da vergeht Ihnen das Lachen.«

Kundin: »Wie ist das denn gemeint?«

Bäcker: »Na ja, ich hab keinen Zimt im Haus, aber umbaubedingt eine Menge Holzstaub loszuwerden.«

Kundin: »Sie ersetzen den Zimt durch Holzstaub? Ist ja ekelhaft.«

Bäcker: »In der Tat. Richtig räudig der Dreck. Wie gesagt, da werden so überschwängliche Positivisten wie Sie erst mal geerdet.«

Kundin: »Das ist doch verrückt! Sie veräppeln mich.«

Bäcker: »Mitnichten. Ich nehme auch keinen Teig, sondern weiche etwas Dämmwolle ein – das klappt super.«

Kundin: »Das ist komplett bescheuert!«

Bäcker: »Ansichtssache. So, was nehmen Sie denn?«

Kundin: »Ähm, ... 30 Zimtstangen.«

Bäcker: »Ha! Chapeau! Der war gut. Sie müssen ja extrem dolle Laune haben!?«

Kundin: »Nee. Aber ich baue gerade neu und habe ein Dach zu dämmen, also her mit dem Rotz.«

Bäcker: »Das ist nicht Ihr Ernst?«

Kundin: »Natürlich nicht. Ich nehme ein Croissant, du Hempel. Und jetzt mach hinne, ich muss noch drei Fenster einbauen!«

Bäcker: »Endlich normale Leute!«

Gute Laune

Bäcker: »Treten Sie ein, hier wohnt die Freude!«

Kunde: »Was ist denn mit Ihnen los?«

Bäcker: »Ich habe mir vorgenommen, ab jetzt freundlicher zu sein.«

Kunde: »Das ist nicht Ihr Ernst?«

Bäcker: »Natürlich. Was kann ich Ihnen denn anbieten, lieber Kunde?«

Kunde: »Unfassbar! ›Lieber Kunde‹ ... Tja, dann hätte ich gerne irgendein Brot.«

Bäcker: »Geht's noch präziser, Sie ... äh, also ... ich meine ... Sie finden hier eine Auswahl ganz verschiedener Teigwaren. Ich empfehle das Sechskorn.«

Kunde: »Wieso? Sind da etwa Drogen drin?«

Bäcker: »Klar, ich backe nur mit Meth, ... ach, verdammt ... ich meine ... natürlich nicht! Das wäre doch illegal. In meinen Broten ist nur Wasser, Mehl, Salz und ganz viel Liebe!«

Kunde: »Jetzt übertreiben Sie! Ihnen geht es doch nicht gut, oder?«

Bäcker: »Doch, was wünschen Sie denn, Durchlaucht?«

Kunde: »Durchlaucht? Das gibt es ja nicht – sowas aus Ihrem Mund. Warum?«

Bäcker: »Ähm, ... nun ja. Weil Sie eben durch und durch ... ein Lauch sind! Verdammte Axt. Ich halt das nicht mehr aus!«

Kunde: »Das klingt schon eher nach Ihnen. Sind Sie krank?«

Bäcker: »Nein. Hab ne Wette verloren. Jetzt ist es raus. So, wat willste?«

Kunde: »Ähm. Ein Sechskorn.«

Bäcker: »Ha! Der war gut. Erwarten Sie nicht zu viel! Das Meth ist von letztem Jahr und ich habe es mit Rattengift gestreckt. So, hier. Macht 400 Euro.«

Kunde: »Endlich sind Sie wieder der Alte! Tun Sie mir einen Gefallen?«

Bäcker: »Eigentlich nicht. Worum ginge es denn?«

Kunde: »Bitte lassen Sie das mit dem Wetten in Zukunft sein.«

Ich glaube, er spricht uns allen aus der Seele.

Eine gute Wahl

Kurz nach der Verkündung des Endergebnisses zur US-Wahl 2020.

Kunde: »Ich hätte gerne einen Amerikaner.«

Bäcker: »Ich habe nur noch zwei. Welchen von Biden hätten Sie denn gerne?«

Kunde: »Ahhh, ... haha, das ist sensationell! Welchen können Sie denn empfehlen?«

Bäcker: »Den blauen.«

Kunde: »Fantastisch! Ich nehme an, das Blau steht für die Demokraten?«

Bäcker: »Nein, da ist Crystal Meth drin. Wenn man das mit Zucker kocht, wird's blau.«

Kunde: »Äh ... Sie veräppeln mich doch, oder?«

Bäcker: »Nein.«

Kunde: »Und ... wieso ist der andere orange?«

Bäcker: »Der steht für Trump.«

Kunde: »Verstehe ich nicht.«

Bäcker: »Die Farbe entsteht aus der Essenz von Fliegenpilzen.«

Kunde: »Das ist ja lebensgefährlich!«

Bäcker: »Exakt. Wenn man den wählt, ist alles vorbei!«

Kunde: »Das wird mir zu bunt hier.«

Bäcker: »Dann warten Sie mal ab, bis Sie den blauen Amerikaner probiert haben – dann wird es erst richtig bunt.«

Kunde: »Ich bin raus. Das sind mir zu viele metaphorische Ebenen.«

Bäcker: »Ich mach doch nur Spaß! Was nehmen Sie?«

Kunde: »Puh. Sie sind mir einer. Okay. Dann nehme ich den orangenen Amerikaner.«

Bäcker: »Sehr gut.«

Kunde: »Wie, ›sehr gut‹? Was ist daran sehr gut?«

Bäcker: »Na dann ist er endlich weg!«

Kunde: »Gilt das jetzt auf der politischen Ebene oder auf der qualitativen?«

Bäcker: »Auf Biden!«

Ich bin übrigens auch froh, dass er weg ist. Sehr sogar!

Spezifische Bestellungen III

Kundin: »Sagen Sie, können Sie mir auch ein Brötchen belegen?«

Bäcker: »Natürlich. Warten Sie kurz, bin gleich wieder da.«

Kundin: »Aber Sie wissen doch noch gar nicht, was ich draufhaben will!«

Bäcker: »Das haben Sie auch nicht zu entscheiden.«

Kundin: »Moment mal! Was ist das denn für eine Art?«

Bäcker: »Sie waren doch diejenige, der mein Angebot anscheinend nicht ausreicht!«

Kundin: »Ich wollte lediglich ein belegtes Brötchen.«

Bäcker: »Und ich entscheide, was draufkommt.«

Kundin: »Was würden Sie denn drauf tun?«

Bäcker: »Croissant.«

Kundin: »Hä? Sie hätten mein Brötchen mit einem Croissant belegt?«

Bäcker: »Klar. Einfach aufschneiden, das Croissant plattdrücken und dann dazwischen legen. Ich nenne es: Das Schnitzelbrötchen der Oberschicht.«

Kundin: »Aber ich wollte Käse draufhaben!«

Bäcker: »Tut mir leid, das passt überhaupt nicht.«

Kundin: »Was?! Käse auf Brötchen passt nicht – jetzt hören Sie aber mal auf! Es gibt doch sogar das Wort ›Käsebrötchen‹. Also wenn das nicht zusammenpasst ...!«

Bäcker: »Aber Käse mit Croissant ... das ist nicht stimmig.«

Kundin: »Ich will ja gar kein Croissant!«

Bäcker: »Das tut mir leid. Bei belegtem Brötchen ist das Croissant obligatorisch! Sehen Sie: Wenn ich hier einfach Brötchen schmieren würde mit Butter und Käse, würden die Leute doch denken: Das ist ja ein ganz normaler Bäcker. Man muss sich heute abheben. Man braucht einen ›Unique Selling Point‹, ein Markenzeichen.«

Kundin: »Sie sind bekloppt. Veräppeln können Sie irgendjemand anders! Ich gehe jetzt zu Kamps.«

Bäcker: »Warten Sie, ich mache doch nur Spaß. Sie wollen also ein belegtes Brötchen mit Käse?«

Kundin: »Ganz genau.«

Bäcker: »Möchten Sie noch Remoulade dazu?«

Kundin: »Warum nicht, das passt doch. Gerne.«

Bäcker: »Wie wäre es mit einem Salatblatt?«

Kundin: »Oh ja, gute Idee.«

Bäcker: »Eine Scheibe Tomate?«

Kundin: »Ja, das ist perfekt.«

Bäcker: »Also, Sie wollen ein belegtes Brötchen mit Käse, Remoulade, einem Salatblatt und einer Scheibe Tomate?«

Kundin: »Jawohl. Das wäre super.«

Bäcker: »Okay, dann müssen Sie doch zu Kamps.«

Dienstleistung

Kundin: »Kann ich bei Ihnen Geld wechseln?«

Bäcker: »Na klar.«

Kundin: »Dann würde ich gerne 20 Euro wechseln.«

Bäcker: »An wie viel hatten Sie denn gedacht?«

Kundin: »Na, ähm ... an 20 Euro!?«

Bäcker: »Nein, ich meine, wie viel wollen Sie zurückhaben?«

Kundin: »Hä? 20 Euro natürlich.«

Bäcker: »Aus Ihrem Mund klingt das so selbstverständlich. Die meisten kommen hier rein und sagen: ›Tach, ich würde gerne Geld wechseln. Hier ist ein Fünfziger, geben Sie mir einfach zwei Zehner zurück. Das passt schon.‹«

Kundin: »Es gibt Leute, die Ihnen 30 Euro schenken, nur weil sie Kleingeld brauchen?«

Bäcker: »Na klar. Die schätzen einfach meine Dienstleistung.«

Kundin: »Aber da gibt es doch keine Dienstleistung!«

Bäcker: »Eben. Der moderne Mensch ist der Dienstleistung überdrüssig. Und ich befriedige diesen

Wunsch nach Reduktion. Das wiederum ist meine Dienstleistung – aber das binde ich den Kunden normalerweise nicht auf die Nase.«

Kundin: »Sie haben einen Knall. Sagen Sie doch gleich, dass Sie kein Geld wechseln!«

Bäcker: »Aber das mache ich doch. Sie gehen ja sogar mit mehr, als Sie gekommen sind.«

Kundin: »Wieso?«

Bäcker: »Nehmen wir mal an, Sie brauchen Kleingeld. Ich würde Ihnen jetzt anbieten, dass Sie von mir zwei Fünfer und noch fünf Euro in Kleingeld kriegen. Jetzt wiegen Sie das mal und vergleichen Sie es mit dem Gewicht eines Zwanzigers.«

Kundin: »Ja, aber es ist doch weniger wert!?«

Bäcker: »Das ist relativ. Wenn irgendwann die Inflation kommt, können Sie die Münzen immerhin noch einschmelzen und einen Knauf für ein sehr kleines Messer daraus gießen.«

Kundin: »Sie haben doch eine Vollmeise!«

Bäcker: »Wofür wollen Sie denn überhaupt Geld wechseln?«

Kundin: »Für den Parkscheinautomaten.«

Bäcker: »Ach so. Na, ja ... das können Sie sich sparen.«

Kundin: »Ähm, ... warum?«

Bäcker: »Sie haben eben eine Knolle gekriegt. Der rote Golf ist doch Ihrer, oder?«

Kundin: »Ja. Verdammt!«

Sie rennt raus, holt das Knöllchen und kommt wieder rein.

Kundin: »Zehn Euro wollen die haben!«

Bäcker: »Was Sie nicht sagen. Und das für nichts und wieder nichts. Das ist echt Abzocke.«

Kundin: »Sagt der Richtige. Das ist allein Ihre Schuld! Sie mit Ihrem Unsinn!!!«

Bäcker: »Für meinen Unsinn hätten Sie wenigstens nur einen Fünfer bezahlt. Don't hate the player. Hate the game!«

Das Jubiläum

Kunde: »Wissen Sie eigentlich, dass ich seit 20 Jahren bei Ihnen mein Brot kaufe?«

Bäcker: »Das spricht entweder für mich oder, was wesentlich wahrscheinlicher ist, gegen die anderen!«

Kunde: »Nun lassen Sie doch einmal Raum für ein bisschen Sentimentalität. Ich komme seit 20 Jahren hier zu Ihnen, Sie sind ein Teil meines Lebens!«

Bäcker: »Das ist wirklich etwas Besonderes.«

Kunde: »Ja, das finde ich auch. Hätten Sie denn vielleicht auch etwas Besonderes, das Sie mir heute empfehlen würden?«

Bäcker: »Warten Sie, ich habe da etwas für Sie. Hier, bitte, dieses Brot ist eines zwanzigjährigen Kundenjubiläums würdig.«

Kunde: »Oh, ich wusste, dass Sie bei all der ironischen Fassade Sinn für das Emotionale haben.«

Bäcker: »Natürlich, wenn jemand erst einmal meine harte Kruste durchdrungen hat, stößt er auf einen weichen Kern aus Sauerteig.«

Kunde: »Das haben Sie schön gesagt. Es freut mich, dass Sie das so zum Ausdruck bringen!«

Bäcker: »Selbstverständlich. Das ist aber auch ein wirklich spezieller Moment. Ich meine, zwanzig Jahre ... das ist unglaublich!«

Kunde: »Genau.«

Bäcker: »Deswegen sollen Sie auch dieses Brot hier bekommen.«

Kunde: »Vielen Dank! Das ist wirklich eine große Ehre. Aber sagen Sie, was ist denn eigentlich das Besondere daran?«

Bäcker: »Es liegt auch seit etwa 20 Jahren hier bei mir im Laden rum.«

Kunde: »Das ist nicht Ihr Ernst, oder?«

Bäcker: »Sie kommen jetzt seit zwei Jahrzehnten hier hin. Also wenn Sie damit nicht gerechnet haben, kann ich Ihnen wirklich nicht helfen.«

ENDE

Epilog

Bei irgendeiner Bäckereikette am Bahnhof.

Verkäuferin:	»Was darf es sein?«
Ich:	»Ein belegtes Brötchen.«
Verkäuferin:	»Mit Käse?«
Ich:	»Äh, ... ja.«
Verkäuferin:	»Bitte sehr. Sonst noch etwas?«
Ich:	»Moment mal, Sie machen ja gar keine sarkastischen Bemerkungen?«
Verkäuferin:	»Wieso sollte ich?«
Ich:	»Mein Lieblingsbäcker ist immer frech, das gehört doch dazu, dachte ich!?«
Verkäuferin:	»Keine Ahnung, ich studiere eigentlich Biologie.«
Ich:	»Okay, das erklärt es natürlich. Wie viel kriegen Sie denn?«
Verkäuferin:	»Vier Euro sechzig.«

Ich: »Na also, geht doch. Gar nicht schlecht für eine Ungelernte. Wie viel kriegen Sie denn wirklich?«

Verkäuferin: »Äh, ... vier Euro sechzig.«

Ich: »Okay, das ist echt ernüchternd. Sie hätten wenigstens sagen können, dass das Brötchen acht Euro neunzig kostet und dann hätte ich schockiert getan und gefragt: ›Ist das ihr Ernst?‹ und Sie hätten dann noch einen draufsetzen können mit irgendeinem blöden Spruch über Fasane. So machen das echte Lieblingsbäcker.«

Verkäuferin: »Vier Euro sechzig.«

Ich beiße gerade wehmütig in mein vollkommen überteuertes Käsebrötchen und freue mich auf morgen. Dann gehe ich zu meinem Lieblingsäcker und werde ihn anhimmeln, während er mich beleidigt – so wie es sich gehört. In diesem Sinne: Support your local (Brötchen-)dealer!

Brot für die Welt

Liebe Leser*innen,

nun ist unser Besuch in diesem Refugium der Backkunst auch schon wieder vorbei.

Ich hoffe, dass Sie ebenso Erheiterung erfahren haben wie ich selbst. Denn im Wesentlichen geht es natürlich primär genau darum: Erheiterung.

Allerdings birgt bei allem Ulk und Klamauk das Thema »Brot« auch eine ernste Komponente. Lassen Sie mich das kurz ausführen.

Also sind wir hier direkt einmal ehrlich. Dieses Buch ist ein kommerzielles Erzeugnis. Klarer Fall. Das Optimum wäre, es ginge weg wie warme Semmeln. Ha! Warme Semmeln.

Nun ja. Worauf ich hinaus will: Es wird natürlich Geld umgesetzt mit dem Kauf dieses vortrefflichen Druckereiprodukts, das in der Folge hoffentlich etliche Toilettengänge erheiternd zu ergänzen weiß. Denn nennen wir das Kind beim Namen: Das hier ist im besten Sinne eine Klolektüre. Man schlägt es irgendwo auf und zack: Pointengewitter. Darüber hinaus verlangt es den Lesenden eine kaum zu erwähnende Aufmerksamkeitsspanne ab. Summa summarum ist das ein absolut perfekter Geschenkartikel … ob nun zu Weihnachten oder zum Geburtstag, Ostern, wenn die Nichte getauft wird, hach Leute, es gibt doch keinen Anlass, zu welchem dieses Werk kein wundervolles Präsent wäre. Ich meine, ganz ehrlich: Wer mag kein Brot? Das Ganze ist ja weltumspannend. Thematisch ist das ein potenzieller Evergreen mit unfassbar großer Zielgruppe.

Und damit komme ich auch zu des Brotes Kern. Denn die Kehrseite dieser goldbraunen, weltumspannenden Medaille ist, dass sich eben bei weitem nicht alle Menschen dieses Planeten ihr tägliches Brot leisten können. Deshalb muss – und das kann nur im Sinne des Lieblingsbäckers sein – die Versorgung mit diesem Grundnahrungsmittel verbessert werden. Und welche Institution könnte in diesem Fall eine trefflichere Anlaufstelle sein als »Brot für die Welt«?

Deshalb soll von jedem Exemplar des Buches ein Euro an diese wunderbare Organisation gespendet werden. In der Hoffnung, den Hunger in ärmeren Regionen unseres Planeten zumindest ein wenig zu stillen. Auf dass unser Lieblingsbäcker symbolisch sein Brot tatsächlich hinaus in die Welt sende. Und somit sind Sie, liebe Leser*innen, durch den Kauf dieses Exemplars selbst zu einer Art Lieblingsbäcker geworden. Zumindest ein kleines bisschen.

Denn sind wir ehrlich: Es kann ja nur einen echten geben. Da sind wir uns einig.

Trotzdem: Vielen herzlichen Dank!

Hochachtungsvoll,

Quichotte

Bei Lektora erschienen

Quichotte

Beim Lieblingsbäcker

Teilchen Zwei

Der Lieblingsbäcker ist zurück!
Endlich liegt nach »Auf Leben und Brot« nun »Teilchen Zwei« in Ihren Händen und der Lieblingsbäcker spielt auch diesmal in brandneuen Dialogen seinen kantigen Vollkornfetischismus aus und treibt in üblicher Manier hinter dem Verkaufstresen sein Unwesen.
Dabei ist er wie kein anderer bemüht, konventionelle Gepflogenheiten von Zugewandtheit geflissentlich links liegen zu lassen und wenn wir ehrlich sind, entbehrt doch diese ganze geheuchelte Freundlichkeit, der gezwungene Smalltalk zwecks Umsatzsteigerung, kurz, das Verkaufsgespräch, ohnehin viel zu oft der Aufrichtigkeit. Das findet der Lieblingsbäcker ebenfalls und verhohnepiepelt deshalb ungeachtet sozialer Herkunft oder Bildungsgrad die Leute, stets eine Handbreit Antikapitalismus unterm Kiel des Backschiffs und bereit, die Ironiefähigkeit der Menschen bis aufs Äußerste auf die Probe zu stellen.
Lassen Sie sich also an jenen Ort entführen, wo sarkastische Anarchie das tägliche Brot des Protagonisten ist, und erliegen Sie seinem rüden Charme. Herzlich willkommen beim Lieblingsbäcker!

ISBN: 978-3-95461-266-6
14,80 Euro (D)
15,30 Euro (A)

Bei Lektora erschienen

Patrick Salmen & Quichotte

Die Torreichen siegen
Edition 5: Fußball

Der literarische Rätselspaß geht in die 5. Runde!
Nach »Du kannst alles schaffen, wovon du träumst. Es sei denn, es ist zu schwierig« und den drei Nachfolgern der etablierten Rätselreihe dreht sich der fünfte Band nun um die Welt des runden Leders. Das Prinzip des Spiels hat sich nicht verändert: Die literarischen Rätselgeschichten enthalten Leerstellen, die es passend mit dem Namen eines bekannten Fußballspielers zu füllen gilt.

Beispiel:
Revolution in der Oper! Um sich für eine fitnesssüchtige Zielgruppe zu öffnen, versucht man nun, klassische Darbietungsformen interaktiv mit sportlicher Ertüchtigung im Publikum zu kombinieren. So musste das Auditorium bei der Uraufführung eines neuen Stücks beispielsweise zu Kantaten hüpfen, bei Ouvertüren laufen und zu ___ ___ ___ ___.

(Arien robben / Arjen Robben)

ISBN 978-3-95461-133-1
10,00 Euro

www.lektora.de

Bei Lektora erschienen

Quichotte

Es steht alles auf der Kippe

Mit bildreicher Sprache, der Liebe zur Komik des Lebens und dem Hang zur Poesie »balanciert« Quichotte in seinem Buch zwischen ambivalenten Themen. Wer sich also die Frage stellt, wie Lyrik und Landleben, Kindheit und Erwachsensein, Krieg und Frieden, Wohlstand und Armut oder der Kopfstoß Zinédine Zidanes und das Verständnis pubertierender Teenager von Liebe zusammenpassen, wird hier fündig. Darüber hinaus pendelt dieses Buch in seinen Texten von der Lyrik zur Prosa und zurück und tritt dabei den Beweis an, dass nicht nur bei schreibwütigen Kettenrauchern mitunter alles auf der Kippe steht.

»Wäre Humor ein Tabak und die Poesie ein Filter, wäre dieses Buch die perfekte Zigarette. Man möchte es auf der Stelle rauchen.«

(Patrick Salmen)

ISBN 978-3-95461-048-8
12,90 Euro

www.lektora.de